Learner's Guide

for

Norsk for

utlendinger   1

Margaret Hayford O'Leary

Department of Norwegian

St. Olaf College

and

Svein Øksenholt

Department of Germanic Languages and Literatures

Eastern Montana College

AUDIO·FORUM

THE LANGUAGE SOURCE

Madison, Connecticut

Learner's Guide for Norsk for utlendinger 1

ISBN: 0-88432-128-2

Published by Audio Forum
One Orchard Park Road, Madison, CT 06443 U.S.A.
www.audioforum.com

CONTENTS

FOREWORD

Norsk for utlendinger, I provides an incisive
and lively basic introduction to contemporary
Norwegian through the use of everyday
expressions, practical vocabulary, and stress on
social/cultural situations. All lessons are in
the form of dialogs followed by simple
explanations of grammar and pronunciation. In
addition, most lessons contain readings and
other exercises on a variety of topics.

As a native-born Norwegian who has taught
various foreign language courses in the United
States for a number of years, I believe the
structure and content of the course materials
(text and caassettes) developed for Norsk for
utlendinger will enable the beginning learner to
communicate both orally and in writing with
native speakers of Norwegian in a natural and
effective way.

It is my hope that the student's first
experience in learning Norwegian will be so
productive and pleasurable that it will
encourage the study of Norwegian at more
advanced levels.

Svein Øksenholt
Professor of Germanic Languages and Literatures
Eastern Montana College
Billings, Montana 59101-0298

NOTES TO THE LEARNER

Norsk for utlendinger 1 by Ase-Berit and Rolf Strandskogen was originally written to help foreigners living in Norway learn the necessary vocabulary and grammatical structures to get along in everyday situations. The vocabulary used is limited so as to enable the student to master all of it and learn to use it in many different contexts. By practicing the dialogs with the tapes you will learn good Norwegian pronunciation (the pronunciation most commonly used in the Oslo area). By the end of the course you should be able to get through simple situations, and also to read a Norwegian book or newspaper with the help of a dictionary.

To achieve thorough mastery of the material you need to practice. It is recommended that you work every day or every other day for at least half an hour with the tapes and book. It is much better to study often for shorter periods of time than for many hours once a week.

The course consists of 23 lessons. Each lesson includes 1)dialog 2)examples of grammatical structures in the lesson 3)pronunciation and phonetics 4)oral exercises 5)written drills.

HOW TO USE
NORSK FOR UTLENDINGER

The following notes will give you specific suggestions on how to approach the materials. The examples are taken from the first lesson. The other lessons are organized in a similar way.

A) The cassette tapes are an integral part of the course. It is essential that you make extensive use of them. Turn to the section of the lesson titled Laboratorieøvelser. You will be asked to repeat a number of Norwegian words. Repetition of these words will give you an opportunity to practice Norwegian pronunciation on short utterances. Next the dialog will be read on the tape, line by line, with time for you to repeat it. You will have the opportunity to repeat each utterance twice. Try to imitate the voice on the tape as exactly as possible. Pay special attention to the intonation, or melody, and the vowels. After you have practiced the dialog once, STOP

THE TAPE, and rewind to the beginning of the
dialog. Go through the dialog several times,
both with and without the written text, until
you feel comfortable with the pronunciation as
well as the meaning of the sentences. Next
proceed through the rest of the tape. These
oral exercises consist of a variety of drills
where you will answer and ask questions, make
an appropriate response to a statement, etc.
An example of each type of drill is given in
your book.

LESSON 1, page 14

1. Practice the following words. You
   will hear each word read, repeat as
   exactly as possible.

2. Read the conversation on page 1.
Tape:	Student:	Tape:	Student:
Anne	God dag!	God dag!	God dag!

3. Answer the question. The tape will
   ask you "Who is that?", and you will
   look at the picture and answer, "That
   is Per."

4. Ask a question. The tape will tell
   you where Per comes from, and you must
   ask the question: "Where does Per come
   from?"

5. Answer. You are asked where one of
   the characters is from, and you must
   give the correct answer based on the
   dialog.

6. Ask. This is the reverse of number 3.
   This time the tape identifies one of
   the characters, and you ask "Who is
   that?"

7. Ask. You will hear a response such as
   "Fine, thank you", and you must come
   up with the question that logically
   would elicit such a reply. In this
   case "How are you?" would be the
   correct question.

8. Listen to the entire conversation.

9. Read the whole conversation.

A complete tapescript is included. You
should repeat the exercises by replaying the
tape until you can do each drill easily
without consulting the script.

B) Practice copying the dialog sentences until you can write each one correctly from memory. Making a flashcard for each new vocabulary word may be helpful.

C) Study the examples given in the **Grammatikk** section. Because the book was originally written to be used by students with a variety of language backgrounds, no English explanations are given. Therefore you must study each example carefully and formulate your own rules. Consulting an English-language Norwegian grammar may be helpful.

LESSON 1, pp. 11-12

1. Verb, present tense: The infinitive (å ha, å komme) is transformed into the present tense by adding -r (har, kommer). This rule applies to all regular verbs. An example of an irregular verb is also given: The present tense of the infinitive "to be" (å være) is er. As indicated in the examples, the present tense has only one form for all the persons (I, you, he, she, etc.)

2. Declarative sentence. Normal word order for a statement is Subject + verb.

3. Interrogative sentence. In a question the verb comes before the subject.

4. Det/Dette: Det is used to indicate something far away (that). Dette indicates something close (this).

D) Study the **Uttale** (pronunciation) section.

1. Explanation of symbols:
Sounds, or phonemes, are printed between / /
Letters of the alphabet between < >
Long vowels are marked with :.
For example, the word <det> is pronounced /de:/.

2. Practice the sounds. For example, /a:/ is a long a-sound, while /a/ is a short a-sound.

3. Do not pronounce: <d> in the word god., <h> in hvordan, hvem, hvor, etc.

E) Do the page labelled **Øvingsoppgaver.** These written exercises will give you additional practice manipulating the structures you learned in the dialog and practiced in the oral drills. An answer key is provided.

LESSON 1, p. 15

1. Fill in the blanks with the correct answers to the questions.

2. Make an appropriate question for the reply given.

3. Fill in the blanks with logical words.

F) When you have thoroughly mastered the material in a lesson, then proceed to the next. Be sure to review old material on a regular basis.

Some of the lessons contain reading texts in addition to the dialog. These can be used for additional reading practice if desired, but are not essential to progress through the book. Try to read them without translating, or writing in English words, looking up words only as absolutely necessary. Think of them as an extra challenge!

If at all possible, it is very helpful to seek out someone to either speak Norwegian with or to correspond with. The practice gained by trying to communicate your own thoughts to another person is invaluable.

Margaret Hayford O'Leary
Department of Norwegian
St. Olaf College
Northfield, MN 55057

CONTENTS
of
Norsk for utlendinger 1

I. Key Word List by Chapter
with English Translations

<u>LESSON ONE</u>

p. 11   god dag. = good morning, good day
         hvordan = how
         har = have
         du = you
         det = it
         hvordan har du det? = how are things?/
           how are you?
         bra = fine
         og = and
         takk = thanks
         bare = very
         hvem = who
         er = is
         å = to (infinitive marker)
         ja = yes
         å ja! = oh!
         han = he
         norsk = Norwegian
         hun = she
         fransk = French
         hei! = hi!, hey!
         dette = this
         hvor = where
         kommer = comes
         fra = from
         grammatikk = grammar
         presens = present tense
p. 12   fortellende = declarative
         setning = sentence
         subjekt = subject
         spørrende = interrogative
p. 13   uttale = pronunciation
         alle = all
         teoretiske = theoretical
         forklaringer = explanations
         finnes = are found
         i = in
         fonetikkboka = phonetics book
         der = there
         også = also
         utfyllende = supplementary

1

øvelser = exercises
tegnforklaring = symbol explanation
fonemene = the phonemes, sounds
står = stand
mellom = between
bokstavene = the letters
lange = long
vokaler = vowels
markeres = are marked
med = with
øv = practice
ikke = not

p. 14   laboratorieøvelser = laboratory exercises,
        cassette exercises
øv inn = practice
les = read
samtalen = the conversation
på = on, to
side = page
eksempel = example
bånd = tape, cassette
svar = answer
spør = ask (questions)
hør på = listen to
hele = entire, whole

p. 15   øvingsoppgaver = practice exercises
fyll ut = fill out, complete
lag = make, prepare

LESSON TWO

p. 17   går = goes
hva = what
gjør = do
nå = now
jeg = I
leser = read, (am) reading
litt = a little
engelsk = English
snakker = speak, talk
hjemme = at home
nei = no
hindi = Hindi
vanskelig = difficult
betyr = means, signifies
komplisert = complicated, difficult
men = but

p. 18

lykke til = good luck
tusen takk = a thousand thanks
ha det = 'bye, so long
spørsmål = question, inquiry
merk = note, notice
stor = big, capital (as capital letters)
eller = or
liten = little, small
bokstav = letter
uttal = pronounce

p. 21

skriv = write
svarene = the answers
lesetekst = reading text
diktat = dictation

LESSON THREE

p. 23 hvordan står det til = how are you?
ha = have
en = a
kopp = cup
te = tea
gjerne = gladly, willingly
dessverre = unfortunately
kaffe = coffe
liker godt = like, enjoy
sulten = hungry
ikke noe særlig = not especially
vil = will, would like
et = a
stykke = piece
brød = bread
må = must
snart = soon
gå = go
skal = shall
kjøpe = to buy
mat = food
en, ett = one
to = two
tre = three
fire = four
fem = five
seks = six

3

	sju, syv = seven
	åtte = eight
	ni = nine
	ti = ten
p. 24	substantiv = noun, substantive
	intetkjønn = neuter gender
	nøytrum = neuter
	hankjønn = masculine gender
	maskulinum = masculine
	hunkjønn = feminine gender
	klokke = clock, watch
	femininum = feminine
	hjelpeverb = helping verb
	husk = remember
	plassering = placement, placing
	av = of
	adverbial = adverbial
	mer = more
p. 25	igjen = again
	kan = can
p. 26	følgende = following, next
	ord = word, words
	gjenta = repeat
	etter = after
	la = let
	oss = us
	telle = count
p. 27	sett inn = put in, insert
	riktig = correct
	form = form

LESSON FOUR

p. 29	hyggelig = pleasant
	sammen = together
	de = they
	spiser = eat, eating
	kjeks = cracker(s)
	ost = cheese
	drikker = drink, drinking
	sier = says
	at = that
	mange = many
	bilder = pictures

4

om = about
mye = much
annet = else
forteller = tells, relates
by = city
søsken = brothers and sisters
brødre = brothers
søster = sister
venner = friends
bor = lives
langt borte = far away
hjemlandet = homeland
nord = north
sør = south
øst = east
vest = west
elleve = eleven
tolv = twelve
tretten = thirteen
fjorten = fourteen
femten = fifteen
seksten = sixteen
sytten = seventeen
atten = eighteen
nitten = nineteen
tjue, tyve = twenty

p. 30 flertall = plural
entall = singular
inversjon = inversion, verb before subject
regel = rule
pronomen = pronoun
personlig = personal
dere = you (pl.)
annen = other
annet = other
andre = other (pl.)

p. 32 teksten = the text
lukk = close
boka = the book
repeter = repeat
gjør om = redo, change

p. 33 kryss av = cross out or off
tegn = symbol, sign
eks. = (abbr.) example

5

p. 34   lesestykke = reading selection
se = look at, see
veldig = very, extremely

p. 36   regle = jingle, nonsense verse
snør = tie
sko = shoe
heks = witch, old hag
ris = rod, whip; rice
til = to
rotte = rat
høna = the hen
blid = cheerful
spa = spade
mold = soil, ground
piker = girls
porten = the gateway
ved = near, by
peisen = the fireplace
natten = the night
due = dove, pigeon
barnerim = nursery rhyme
bokklubbens = the book club's
barn = child, children

LESSON FIVE

p. 37   hvilken = which
dag = day
i dag = today
lørdag = Saturday
hvordan det? = what about it?
kontoret = the office
arbeider = work
ta = take
trikken = the street car, trolley
kjøre = drive
bil = car, automobile
hvorfor = why
fordi = because
regner = rains
så = so (much)
steder = places
søndag = Sunday
mandag = Monday

```
         tirsdag = Tuesday
         onsdag = Wednesday
         torsdag = Thursday
         fredag = Friday
         glatt = slippery
         ute = out, outside
         snør = snows, snowing
         kaldt = cold
         helligdag = holy day
         hverdager = week days, working days
p. 38    bestemt = definite
         ubestemt = indefinite
         ei = a, an (feminine)
         gate = street
         være = be
         futurum = future (tense)
         bruke = use
         i morgen = tomorrow
p. 39    hjem = home
         regn = rain
         hadde = if you had
         bein = legs
         jagde = (I would) chase, hunt
         deg = you (object)
         over = over
         stokk = stock, cane
         stein = stone
         snøkrystaller = snowflakes, crystals
         snø = snow
         som = which
         faller = falls
         træme = the trees
         klæme = the clothes
         bakken = the hill
         au = ow!, ouch!
         nakken = the neck
p. 40    svar på = answer
p. 41    her = here
p. 42    tur = trip
         radioen = the radio
         fortelling = tale, story
p. 43    regnbuen = the rainbow
         himmel = heaven, sky
         full = full, complete
         stjerner = stars
         blått = blue
```

7

hav = sea
så langt = as far as
jord = earth
der = where
blomster = flowers
gror = grow
ønske = wish
leve = live
hver = each
små = small
frodig = fertile
noen = some
tror = think, believe
ikke nytter = to be of no use
kaster = cast
tid = time
bort = away
prat = talk, chat
visst = certainly, to be sure
plast = plastics
syntestisk = synthetic
stjeler = steal, deprive
unge = young
blir = become, be
sendt ut = sent out
for å slåss = to fight
si = say
far = father
mor = mother
vår = our
siste = last
sjanse = chance
til å dele = to share
håp = hope

LESSON SIX

p. 44   fri = free
har fri = have a day off
nydelig = delightful
vær = weather
jo = yes (after negative question)
varmt = warm
nesten = nearly, almost

```
                    som = as, like
                    handle = shop, do business
                    tid til = time for
                    først = first (adv.)
                    butikkene = shops
                    stenger = lock, shut, close
                    ennå = yet, still
                    god tid = plenty of time
                    unnskyld = excuse (me)
                    ledig = free, unoccupied
                    bordene = the tables
                    visst = believe, think (I)
                    opptatt = occupied, taken
                    prøv = try
                    der borte = over there
                    stolene = the stools, the chairs
                    heldige = lucky
                    tredve = thirty
                    førti = forty
                    femti = fifty
                    seksti = sixty
                    sytti = seventy
                    åtti = eighty
                    nitti = ninety
                    hundre = hundred
p. 45               imperativ = imperative mood, command
p. 49               forstår = understand
p. 50               vær så god = here you are, you're welcome,
                       please
                    heter = to be named, called
```

LESSON SEVEN

```
p. 51    kjøpmann = merchant, storekeeper
         fine = fine
         gulrøtter = carrots
         poteter = potatoes
         kilo = kilo
         purre = leek
         noe annet = something else, anything else
         rød = red
         grønn = green
         koster = costs
         kroner = unit of Norwegian money
```

billig = cheap
agurk = cucumber
hel = whole, entire
tomater = tomatoes
nok = enough
ja vel! = indeed, of course
blir = costs
til sammen = til sammen = total
akkurat = exactly
velkommen igjen = welcome back, come again
dyrt = expensive
p. 52   adjektiv = adjective
De = you (polite conversation)
huset = the house
p. 53   frokost = breakfast
til frokost = for breakfast
p. 55   velkommen = welcome

LESSON EIGHT

p. 59   kveld = night, evening
gammelt = old
koselig = cozy, pleasant
selv om = even though
vinteren = the winter
fleste = most, majority
rommene = the rooms
møbler = furniture
antikke = antique
derfor = therefore, for that reason
loppemarked = flea market
pusser opp = do over, redecorate, renovate
vet = know
selger = sell
gamle = old (pl.)
ting = things
f. eks. = (abbr.) for eksempel = for example
bøker = books
osv. = (abbr.) og så videre = etcetera
noen ganger = sometimes
enn = than
forretning = store, business
nordmenn = Norwegians
spesielt = especially, special

nygifte = newly married
par = couple, pair
på den måten = in that manner, way
spare = save
penger = money

p. 61 komparativ = comparative
superlativ = superlative
uregelmessige = irregular
relativt = relative
som = who

p. 64 Norge = Norway
Italia = Italy
Europa = Europe
Spania = Spain
Østlandet = eastern Norway
Tyskland = Germany

p. 65 Danmark = Denmark
øl = beer, ale
ulike = different

p. 66 novellen = the short story, tale
gå videre = continue, skip
hvitt = white
hviteste = whitest
forslag = proposal, suggestion
pakke = package, pack
vaskepulver = detergent
åpne = open
hell fra = pour from
hånden = hand
over = into
vaskepulverkornene = detergent granules
enda = still
svir = hurts
øynene = eyes
møter = meets
skjer = happens
dragning = fascination, attraction
oppstår = arises, occurs
hjertet = heart
mot = towards
klessnorer = clotheslines
soldat = soldier
henge på = hang on
skjorter = shirts
lakener = (bed) sheets
putevar = pillowcases

11

dynetrekk = bed covering, pad
duker = the tablecloths
undertøy = underwear
senere = later
dukke opp = appear, pop up
drømmene = the dreams
kanskje = perhaps
forvandlet = changed, transformed
fordreide = twisted, distorted
ansikter = faces
bad = bath, bathroom
slukke = extinguish, put out
lyset = the light
gre = comb (verb)
håret = the hair
mørket = the dark
foran = before, in front of
speilet = the mirror
rødgule = red-gold
elektriske = electric
gnister = sparks
kammen = the comb
ofte = often
overeksponerte = overexposed
baderom = bathroom
nystrøkne = freshly or newly ironed
gardiner = curtains
stuevindu = living room window
mistet = lost
egenskap = property, characteristic
til slutt = finally, at last
stirret = gazed, stared
tvers igjennom = straight through
uten = without
kirurgen = the surgeon
opererer = operates
kledd = dressed essed
munnen = the mouth
leppene = the lips
klut = cloth, rag
hansker = gloves
badeværelser = bathrooms
vaskeservanter = wash stands
kjøleskap = refrigerator
klosettskåler = toilet bowls
nyfallen = new fallen

blanke = plain
ark = sheets (of paper)
tomme = empty
lerreter = linens
gipshoder = plasterheads
engler = angels
fiskeboller = fish balls
saus = sauce
karri = curry
tenke = think, consider
fornuftig = reasonable, sensible
tanke = thought
lyder = sounds
slik = such
farger = colors
får = gets, makes
svimle = dizzy, faint
mest = most
uvirkelige = unreal, intangible
kvinner = women

p. 67 nedenfor = below
bare = only, just
plassere = place
kroppen = the body
senga = the bed

p. 68 preposisjonsøvelse = preposition exercise
forskjellig = different
hverandre = each other
høye = high

LESSON NINE

p. 69 post = mail
brev = letter
når = when
i går = yesterday
var = was
meg = me
fortalte = told
gutt = boy
år = year, years
siden = since
for...siden = ago
syk = sick

```
                frisk = healthy, well
                kjekk = cheerful, hearty
                frisk og kjekk = hale and hearty
p. 70           preteritum = preterite, past tense
                ham = him
                henne = her
                dem = them
                eple = apple
p. 71           trykk = stress
                kone = woman, wife
                snodige = funny, cheerful, amusing
                lå = laid, rested
                åt = ate
                begge to = both
                både = both
                morgen = morning
                middag = (midday) dinner
                kveld = evening
                levde = lived
                allikevel = anyway, just the same
p. 72           skolen = school
p. 77           da = then
                gang = time
                ville = would
                gikk = went
                kjære = dear
                ilden = the fire
                brenn = burn
                rise = whip
                vannet = the water, lake
                slokk = extinguish
                oksen = the ox
                slakter = butcher
                slakt = slaughter
p. 78           reipet = the rope
                bind = tie, tie up
                gnag = gnaw
                katta = the cat
                ja-a-am = meo
                eventyrland = fairyland
```

14

LESSON TEN

p. 79   familie = family
         tanter = aunts
         onkler = uncles
         broren = the brother
         gift = married
         foreldrene = the parents
         alene = alone
         besøker = visit
         hit = here
         sønn = son
p. 80   eiendomspronomen = possessive pronoun
         min = mine
         din = yours
         mi = mine (fem.)
         di = yours (fem.)
         mine = mine (pl.)
p. 81   stavelse = syllable
p. 83   fortell = tell, narrate

LESSON ELEVEN

p. 85   hvor mange er klokka? = what time is it?
         trikkekortet = the street car card, pass
         ha time = have an appointment
         hos = at, with
         legen = the doctor
         feber = fever
         sier du det? = you don't say!
         vondt = pain
         holdt senga = stayed in bed
         bedring = improvement, recovery
         god bedring = get well soon, speedy recover
p. 86   perfektum = perfect (tense)
         mitt = mine
p. 87   dialogen = the dialog
         spørreord = interrogative
p. 89   middag = dinner, main meal
p. 90   kroppsdelene = body parts
         ordbok = dictionary
p. 91   barnevise = children's verse
         tulla = little girl, tot
         silkehår = silky hair

15

ører = ears
midt = middle
fjeset = the face
nese = nose
bløt = soft
fløyel = velvet
kinn = cheek
deilig = beautiful, delightful
tykk = fat
trinn = chubby
dukkehender = baby hands
tenner = teeth
bite = bite
tær = toes
danse = dance
foruten = without, besides
vise = show
rusker i håret = to rumple daddy's hair
ler = laughs
vinker = wave, beckon
baker = bake, bakes
kake = cake
smake = taste
baljen = the (wash) tub
plasker = splashes
kan du tro! = you can be sure
aldri = never
skriker = cries
skulle = should, shall
jamen = certainly, indeed
vår = our
synge = sing
p. 92   historie = history, story, tale
egentlig = really, actually
eide = owned
lille = little
alltid = always
imellom = between
deres = theirs
allesammen = all (of them)
lærte = taught
dialekten = the dialect
lå til grunn = was the basis of
viktig = important
måten = the manner, way
16   øyeblikket = the moment

adlyde = obey
utdraget = the excerpt
hentet fra = come from, taken from
kvinnepakten = the women's pact, or agreement

LESSON TWELVE

p. 93   navnet = the name
Deres = your, yours (formal)
født = born
yrke = profession, occupation
lærer = teacher
trygdekasse = medical insurance (state)
veien = the way
i veien med = the matter, wrong with
smerter = pains
overkroppen = the upper part of body
   (down to the waist)
ta av = take off
undersøker = examines, inspects
bronkitt = bronchitis
jaså = is that so
resept = prescription
medisinene = the medicines
apoteket = the pharmacy
ja vel = yes
tilbake = back
uke = week
greit = clear, easy, convenient
p. 94   høflig = courteous, polite
tiltale = address, speech
refleksivt = reflexive
seg = himself, herself, etc.
p. 95   vår = spring
sommer = summer
høst = fall, autumn
januar = January
februar = February
mars = March
april = April
mai = May
juni = June
juli = July
august = August
september = September

17

oktober = October
november = November
desember = December
ordenstall = ordinal number
første = first
annen = second
tredje = third
fjerde = fourth
femte = fifth
sjette = sixth
sjuende/syvende = seventh
åttende = eighth
niende = ninth
tiende = tenth
ellevte = eleventh
tolvte = twelfth
trettende = thirteenth
fjortende = fourteenth
femtende = fifteenth
sekstende = sixteenth
syttende = seventeenth
attende = eighteenth
nittende = nineteenth
tjuende/tyvende = twentieth
tjueførste/en og tyvende = twenty-first
trettiende/tredevte = thirtieht
trettiførste/en og tredevte = thirty-first
førtiende = fortieth
femtiende = fiftieth
sekstiende = sixtieth
syttiende = seventieth
åttiende = eightieth
nittiende = ninetieth
hundrede = hundredth

p. 96 begynn = begin
p. 97 universitetet = the university
p. 98 bussen = the bus
magen = the stomach, bowels
ha time hos = have an appointment with
ta på seg = dress oneself
varme = warm
p. 99 neste = next please
verden = world
doktoren = the doctor
kontorsøster = (doctor's) office girl, nurse
mannen = the man

skuespillet = the play
foregår = happens, occurs
formiddagen = the morning
legekontor = doctor's office
scenen = the scene
skrivebord = desk
eldre = older
herre = gentleman
frakk = topcoat, overcoat
later = appears, seems
temmelig = quite, rather
overarbeidet = overworked
sliten = tired, worn out
dyktig = capable, proficient
bestemt = determined, firm
dame = lady, woman
forkle = apron
hette = cap, cowl
tuslete = small, puny
nokså = quite
enfoldig = naive, simple
godt = just as well
komisk = comical
bak = behind
ved siden av = beside
flere = more
pasienter = patients
venter = waits, waiting
forsøkt = tried, attempted
trenge seg foran = crowd, push forward
tørker = wipes
svetten = sweat
pannen = the forehead
å gå i ett eneste kjør = to work/to do
  something without a break
sliter ut = wear out
pause = pause, break, respite
mumler = mumble
innpåslitne = aggressive, pushy
trett = tired
ferdig = ready, prepared
nikker = nods
tydelig = clearly, obvious
forbitret = indignant
det var på tide = about time, high time
spisst = sharply

19

gå etter tur = one after the other, by turns

avbryter = interrupts
skribler = scribbles
iherdig = energeticly, persistently
blar = turn pages, thumb
papirer = papers
glemt = forgotten
kle av = undress
hva behag(er) = I beg your pardon
nødvendig = necessary
tålmodig = patient (adv.)
før = before
hvisker = whisper
fortere = quicker, faster

skjerf = muffler, scarf
jakke = jacket
plagg = garment, piece of clothing
stripete = striped
beholde = keep, retain
trøye = undershirt
sukker = sigh, breathe heavily
buksa = the pants
reise seg = rise, get up
blomstrete = flowered
bøyer = bend over
isteden = instead
pust = breathe
forskrekket = frightened
lytter = listen
bryst = chest
rygg = back
avvekslende = alternately
å komme til orde = make oneself heard
hoste = cough
voldsomt = intense, severe
hosteanfall = attack of coughing
retter seg = straightens himself
hikstende = sobbing, gasping

tungen = the tongue
rekker = sticks out
griper = grabs
skje = spoon
stygg = bad
nær ved = near, close to
kveles = suffocate, choke

mellomgulvet = the diaphragm

p. 103 vri seg = twist, turn oneself
hihi = tee-hee
kiler = tickles
vær så snill = please
fryktelig = awfully, terribly
kilen = ticklish
river = tears
blokken = the pad (paper)
daglig = daily
røntgenbilde = X-ray picture
farlig = dangerous
nja = well (interjection)
iallfall = at any rate
kurere = cure, heal
ulykkelig = unhappy, distressed
hjelper = help
beroligende = calming, reassuring
sorgene = the sorrows, troubles
på forhånd = in advance, beforehand
bør = ought
kontroll = control
måned = month
blir = that will be
forvirret = confused
ryster = shakes, trembles
skjønne = understand, realize
oppsøker = consult
ordner = puts in order
vise fram = shows
p. 104 regningen = the bill, account
bygningskompaniet = the construction company
tapetene = the wall paper or covering
levere = furnish, deliver
i kor = simultaneously
måpende = staring open-mouthed
jo = after all
mente = believed
ane = suspect, think
attpåtil = besides, in addition

21

LESSON THIRTEEN

p. 105   takk for sist = thanks for our last time together
    takk i like måte = thank you likewise (also)
    synes = think, in our opinion
    står det bra til? = is everything fine?
    lurte på = speculated, wondered
    i kveld = tonight
    bedt = invited
    utenlandske = foreign
    det passer fint = that is just fine
    fint = fine
    jeg gleder meg = I will look forward to that

p. 109   torget = city square, marketplace

p. 110   telefonsamtalen = telephone conversation

p. 112   svakt = weak (verb)
    sterkt = strong (verb)
    vokalskifte = vowel change

p. 113   tilsvarende = corresponding
    uttrykk = expression
    hvordan går det? = how are you?
    hvor mye blir det? = how much do I owe you?

p. 114   hvis = if
    etterpå = later
    hilsen = greeting, salutation
    flink = good at

LESSON FOURTEEN

p. 115   sent = late
    det spiller ingen rolle = that makes no difference
    kåpen = the woman's coat, cape
    hilse på = greet, say hello to
    treffe = meet
    kjenner = know
    lenge siden sist = it has been a long time
    hilse fra = say hello from
    nye = new
    jobben = the job, occupation
    jeg vet ikke riktig = I don't exactly know
    velkommen til bords = time to eat, welcome to the table

p. 116 pen = nice, pretty
p. 118 janteloven = a law which expresses utter
          disdain for the individual in a society
        klokere = wiser, more intelligent
        innbille seg = imagine, believe
        bedre = better
        duger = fit, be suitable
        bryr seg om = bother, trouble oneself
p. 119 å glede seg = be happy, glad, pleased
        å like seg = be, feel comfortable, happy
        å være glad for = like, be glad about
p. 120 suppa = the soup

LESSON FIFTEEN

p. 121 forsyne dere = help yourselves
        gryterett = casserole dish
        oppskriften = the recipe
        ukeblad = weekly paper (magazine)
        vin = wine
        litegrann = a little bit, just a little
        skål = skoal, to your health
        kjøtt = meat
        oksekjøtt = beef
        soya-eller olivenolje = soy or olive oil
        fedd = cloves, sections
        hvitløk = garlic
        timian = thyme
        laurbærblad = bay leaf
        løk = onion
        kjøttbuljong = meat bullion
        rødvin = red wine
        hvetemel = wheat flour
        skjær = cut, slice
        terninger = cubes
        brun = brown
        olje = oil
        jerngryte = iron kettle
        smør = butter
        vask = wash
        del opp = divide (up)
        legg = put
        hell over = pour in
                                              23

```
              tilsett = add, mix, season
              jevning = thickening
              mel = flour
              kokes = cook
              mørt = tender
         ca. = about (circa)
              krydder = seasoning, spices
              etter smak = to taste
              dråper = drops
              underverker = wonders, miracles
              serveres = serve
              temperert = room temperature
p. 122        vanligvis = usually
              danner = form
p. 123        opplesing = recitation, reading out loud
p. 125        paprikaen = the paprika
p. 126        inviterte = invited
              språk = language
              grønnsaker = vegetables
              forrige = preceding, last
              livrett = favorite dish
p. 127        velg = elect
              sekretær = secretary
              ordstyrer = chairman, moderator
              lese opp høyt = read out loud
p. 128        plutselig = suddenly
              leve av = live on
              vilt = wild
              fredet = protected, preserved
              mest = the greatest part of, mostly
              fisk = fish
              i fjor = last year
              hytte = cabin, hut
              følte = felt, sensed
              føre = move, stir
              flyktig = fleeting, transistory
              vennlig hilsen = friendly greeting
              komme av = stem from
              beundret = admired
              dessuten = perhaps
              buede = raised, curved
              øyebryn = brow, eyebrow
              bolig = dwelling, abode
              veggene = the walls
              behengt = hung, draped
              skinn = skins
24
```

fuglevinger = bird wings
liknet = resembled
innvendig = interior, inside
loddent = hairy, wooly
hi = winter lair
vakte = called forth
bifall = approval
ingenting = nothing
fremmede = guests
steke = roast
fugl = bird
for moro skyld = for the fun of it
jegervis = sportsmanlike
fingrene = the fingers
tidsfordriv = pastime
normalisert = standardized, normalized

LESSON SIXTEEN

p. 129   kirke = church
           leier = rents
           vertsfolket = the landlord and landlady,
             host and hostess
           lage mat = cook food
           kjøkkenet = the kitchen
           leie = rent
           leilighet = apartment
           lettere = easier
p. 130   sitt = his
           sitter = sits
           sin = his
           hans = his
p. 131   bisetning = subordinate clause
           hovedsetning = main clause
           blekk = ink
           gåsemorvers = Mother Goose rhymes
p. 133   hunden = the dog
           kjolen = the dress, gown
           dressen = the suit (of clothes)
           vesken = the briefcase or purse
           jul = Christmas
           fortsett = continue, complete
p. 134   ringe = call (telephone)
           nåboene = the neighbors

bladet = the newspaper
platen = the (phonograph) record

p. 135 venninne = (female) friend, girl friend
sentrum = center

p. 136 traff = met
dit = there
kino = movie (theater)

LESSON SEVENTEEN

p. 137 hybel = rented room, small apartment
annonser = ads, advertisements
avisa = the newspaper
sentralfyring = central heating
umøb. (umøblert) = unfurnished
til leie = for rent
studentbyen = the student housing area
ref. = reference
opplysn.= information
Bm. = reply at office counter
klare seg = manage, get along with
kontant = cash

p. 138 jente = girl
p. 143 flokker = flocks, crowds
flytter = move, change one's residence
stadig = steady
mennesker = people, human beings
legger merke til = notice, become aware of
særlig = especially
toget = the train
jernbanestasjonen = the railroad station
kryper = creep, crawl
nedstøvete = dust covered
stive = stiff
reisen = the trip
kofferter = suitcases, trunks
bæreposer = carrying bags
barnevogn = baby carriage
ser seg om = look around
likegyldige = indifferent
fiendtlige = enemy, hostile
knuter = knots
knyttnever = clinched fists
flyttebilene = the moving vans

26

transportvognene = the transport vehicles
stue sammen = pack, squeeze together
  (like sardines)
oppskrapte = cleaned, scraped up
buken = belly, stomach
byråbilene = the agency vehicles
høyhusene = the high rise housing
blokkene = the apartments
rekkehusene = the row houses
bæres = are carried
dobbeltsenger = double beds
bjerk = birch
kommoder = bureaus, chests
'taburetter = stools
flekkete = spotted, stained
madrasser = mattresses
lysegrønne = light green
kasser = packing baskets
glasstøy = glassware
kister = boxes
komfyrer = stoves
sybord = sewing table
vev = loom
treull = excelsior, packing material
innrammede = framed
vinduene = the windows
rekker = rows
firkantede = rectangular
parkeringsplassene = the parking lots
tørkestativene = the clothes lines
grusete = graveled
gressvokste = grass grown, lawn
flatene = the flat acres
snur seg = turn (oneself)
blekgrønne = pale green
gråhvite = grayish-white
glatte = plain
ufølsomme = callous, unfeeling
nakne = naked
gulvflater = floor spaces
løfter = lift
frem og tilbake = back and forth
rydder ut = clear out
kartongene = the cartons
pakke ut = unpack
tøyet = the clothes; equipment

rer opp = make up (as a bed)
henger = hang
lampene = the lamps
maleriene = the paintings
skjøre = delicate
småting = small things, objects
varsomt = carefully
skatollet = the writing desk
til sist = at last, finally

LESSON EIGHTEEN

p. 145   kvart på = quarter to
forsinket = delayed
voksne = adults, grown people
veksle = change
si ifra = tell, announce
hvor lang tid tar det? = how long does
     it take?
vare = last, go on (of time)

p. 146   ordstilling = word order
lette ledd = unstressed sentence segment
inne = inside

p. 147   opp = up
km = kilometer
langt ... til = far

p. 149   dårlig = bad, poor
fryser = freeze

p. 150   ikke noe = nothing
for...siden = ago

p. 151   oversikt = overview, synopsis

p. 152   eier = owns
søte = sweet
hest = horse
passer = mind, watch, look after

LESSON NINETEEN

p. 153   trykke på knapper = press the buttons
aner = suspect, have an idea
ligger = lie (verb), be located
herfra = from here
rett fram = straight ahead

28

meter = meter
deretter = after that
høyre = right
følg = follow
(et) stykke = a ways
krysser = intersect, cross
ingen årsak = you're welcome,
don't mention it
p. 154   ned = down
direkte tale = direct speech, discourse
indirekte tale = indirect speech,
discourse
p. 156   bli med = come along

LESSON TWENTY

p. 157   ferien = the vacation
trenger = need, require
gå til fots = walk
gå på ski = go skiing
å sykle = to bicycle
sørover = southwards
nordover = northwards
østover = eastwards
vestover = westwards
til utlandet = to a foreign country
Syden = the south Mediterranean
countries
fjerne Østen = the Far East
til fjells = to the mountains
Vestlandet = western Norway
fly = airplane
reise = travel
dra = go, leave
p. 158   slappe av = relax, slack off
i påsken = at or during Easter
sole seg = to sun oneself, sunbathe
i påskeferien = at or during
Easter vacation
bade = bathe, go swimming
svømme = swim
hilse på venner = greet friends
til jul = for Christmas
å ha råd til = to be able to afford to

29

                        kose seg = enjoy oneself
                        vil gjerne = would like to
                        i sommer = this summer
                        til sommeren = this coming summer
                        om sommeren = during the summer
                        pleie å = be used to
                        bestemme seg for = to make up one's mind to
                        badeball = beach ball
                        solstol = sun chair
                        telt = tent
                        svømmebasseng = swimming pool
                        solbriller = sunglasses
                        badebukse = swimming trunks
p. 159   utstyr = equipment, outfit
                        lue = cap
                        genser = sweater
                        vott = mitten
                        nikkers = knickers
                        fiskestang = fishing pole
                        ryggsekk = back pack
                        staver = ski poles
                        sovepose = sleeping bag
                        paraply = umbrella
                        knestrømper = knee socks
                        støvler = boots, (ankle high) shoes
p. 160   lykke = luck, good fortune

HAPPINESS

What is happiness?

Walking on a grass-grown mountain path in thin,
thin summer clothes,
Scratching one's fresh mosquito bites with lazy
thoughtfulness,
And being young and very rich with love yet to
be experienced.

To get a gauzy spider web as a caress across
mouth and cheek
And think a little about weather and wind.
Maybe wait for a letter.
Ask the ("Priest Collar") daisy for counsel
and perhaps yes - perhaps no - he loves me -
loves me not.
But I still don't know you.

lykke = happiness
gressgrodd = grassy
setervei = mountainous summer farm path
tynne = thin
klø = scratch
ferske = fresh
myggestikk = mosquito bites
doven = lazy
ettertenksomhet = thoughtfulness,
  meditation
uopplevet = unmet, not experienced
kjærlighet = affection, love
florlett = gauzy
spindelvev = spider web
kjærtegn = caress
kan hende = maybe
be = ask, beg
prestekravene = ox-eyed daisy,
  (priestly collar)
elsker = love

p. 161   gått fottur = been hiking
          julepresanger = Christmas presents
p. 163   fjells = (to the) mountains
p. 166   representant = representative
          reisebyrået = the travel bureau
          skaffe = obtain
          mens = while
          diskuterer = discuss
          stikkord = key words, cues
          å stille spørsmål = to ask questions

LESSON TWENTY-ONE

p. 167   lekker = leaks, leak
          sikkert = certainly
          krana = the faucet
          reparere = repair
          skrur av = turns off
          skrur på igjen = turns on again
          hjalp = did (it) help
          drypper = drips
          fremdeles = still
          lekkasjen = leak, leakage
          største = biggest

31

röret = pipe
loftet = ceiling, attic
helt = completely
heller = rather
rörlegger = plumber
med en gang = at once
p. 168   regelmessig = regular
böyning = conjugation
å lese ut = finish (reading)
å ta med = bring along
p. 169   istedenfor = instead of
p. 171   hatten = hat
TV = television
p. 172   elektriker = electrician

LESSON TWENTY-TWO

p. 173   verkstedet = the repair shop, garage
vognkortet = the vehicle card
nökkelen = the key
ekspeditören = the clerk, salesman
bestilt time = appointment
ikke sant = isn't that so?
smöring = greasing, lubrication
oljeskift = oil change
det stemmer = that's right
justere = adjust
bremsene = the brakes
spörs om = depends (on)
nemlig = you see
absolutt = absolutely
kontrollert = checked, inspected
love = promise
hente = come for, get
nok = probably
forresten = however, perhaps
i tilfelle = in case
ekstra = extra
linje = line, extension
greit = nice, convenient
p. 174   pluskvamperfektum = past perfect tense
kondisjonalis = conditional (mood) tense

2

framtid = future (tense)
fortid = past (tense)
angrer = be sorry for
nok = probably

p. 177   telefonnummeret = the telephone number
det spørs = I wonder,
p. 178   mene = mean, intend
i orden = in order
bilmekanikeren = the auto mechanic
nøkkelordene = the key words

LESSON TWENTY-THREE

p. 179   teater = theatre
p. 180   voksne = adults
forestillingene = the performances, shows
billettene = the tickets
hva slags = what kind of
helst = preferably, rather
spiller = plays, is playing
p. 181   begge deler = both
pærer = pears
p. 182   verken = neither
p. 183   kriminalfilmer = detective, crime films
bananen = the banana
p. 184   trenger = need, require
pennen = the pen
p. 187   straks = immediately
kontortid = office hour
problemet = the problem
dusj = shower
full fart = top speed
drosje = taxi
p. 188   ugle = owl
holdt til = sat
sa ikke stort = did not say much
fikk se = was able to see
jo...desto = the...the
burde = ought

English translations of key words in the text were prepared under the direction of Dr. Svein Øksenholt, Professor of Germanic Languages and Literatures, Eastern Montana College.

Leksjon 1

3.

Hvem er det?	Det er Per.
Hvem er det?	Det er Sham.
Hvem er det?	Det er Alf.
Hvem er det?	Det er Anne.
Hvem er det?	Det er Anne og Per.

4.

Per kommer fra Norge.	Hvor kommer Per fra?
Sham kommer fra India.	Hvor kommer Sham fra?
Anne kommer fra Norge.	Hvor kommer Anne fra?
Jeg kommer fra Amerika.	Hvor kommer du fra?
Ali kommer fra Egypt.	Hvor kommer Ali fra?
Georg kommer fra Tyskland.	Hvor kommer Georg fra?

5.

Hvor kommer Sham fra?	Fra India.
Hvor kommer Alf fra?	Fra Norge.
Hvor kommer Per fra?	Fra Norge.
Hvor kommer Colette fra?	Fra Frankrike.
Hvor kommer Ali fra?	Fra Egypt.
Hvor kommer Georg fra?	Fra Tyskland.
Hvor kommer du fra?	Fra . . . .

6.

Det er Per.	Hvem er det?
Det er Sham.	Hvem er det?
Det er Per og Colette.	Hvem er det?
Dette er Colette.	Hvem er det?
Dette er Ali og Sham.	Hvem er det?

7.

Takk bra!	Hvordan har du det?
Fra Amerika.	Hvor kommer du fra?
Dette er Anne.	Hvem er det?
Anne kommer fra Norge.	Hvor kommer hun fra?
Per er norsk.	Hvor kommer Per fra?
Dette er Per og Alf.	Hvem er det?

Leksjon 2

3.

Jeg leser norsk.	Hva gjør du?
Han leser norsk.	Hva gjør han?
Hun leser hindi.	Hva gjør hun?
Jeg leser engelsk.	Hva gjør du?

34

4.

Snakker du norsk?	Ja, jeg snakker litt.
Snakker han engelsk?	Ja, han snakker litt.
Leser du norsk?	Ja, jeg leser litt.
Er det vanskelig?	Ja, det er litt vanskelig.
Er Sham fra India?	Ja, han er fra India.
Snakker Sham norsk?	Ja, han snakker litt.

5.

Hei!	Hei!
God dag!	God dag!
Ha det!	Ha det!
Lykke til!	Tusen takk!
Hvordan har du det?	Takk, bare bra!
Hvordan går det?	Takk, bare bra!

6.

Det er Per.	Hvem er det?
Dette er Colette og Anne.	Hvem er det?
Jeg kommer fra India.	Hvor kommer du fra?
Jeg leser norsk.	Hva leser du?
Han snakker engelsk.	Hva gjør han?
Sham kommer nå.	Hvem kommer nå?

Leksjon 3

4.

Har du kaffe?	Nei, jeg har dessverre ikke kaffe.
Har du brød?	Nei, jeg har dessverre ikke brød.
Liker du te?	Nei, jeg liker dessverre ikke te.
Har du mat?	Nei, jeg har dessverre ikke mat.
Snakker du norsk?	Nei, jeg snakker dessverre ikke norsk.
Kan du komme?	Nei, jeg kan dessverre ikke komme.

5.

Jeg har ikke kaffe.	Må du kjøpe kaffe?
Jeg har ikke te.	Må du kjøpe te?
Jeg har ikke brød.	Må du kjøpe brød?
Jeg har ikke mat.	Må du kjøpe mat?

6.

Liker du kaffe?	Ja, jeg liker godt kaffe.
Liker du te?	Ja, jeg liker godt te.
Liker du brød?	Ja, jeg liker godt brød.
Liker du Norge?	Ja, jeg liker godt Norge.
Liker du Anne?	Ja, jeg liker godt Anne.

7.

Har du te?	Nei, jeg har ikke te.
Har du kaffe?	Nei, jeg har ikke kaffe.
Vil du ha kaffe?	Nei, jeg vil ikke ha kaffe.
Vil du ha et stykke brød?	Nei, jeg vil ikke ha et stykke brød.
Er du sulten?	Nei, jeg er ikke sulten.
Snakker du norsk?	Nei, jeg snakker ikke norsk.
Vil du snakke engelsk?	Nei, jeg vil ikke snakke engelsk.

Leksjon 4

2.

Har han bare ett bilde?	Nei, han har mange bilder.
Har han bare en bror?	Nei, han har mange brødre.
Har de bare en søster?	Nei, de har mange søstre.
Har han bare en venn der?	Nei, han har mange venner der.
Drikker hun bare en kopp te?	Nei, hun drikker mange kopper te.

3.

Han liker ikke kaffe.	Liker han ikke kaffe?
Han liker ikke te.	Liker han ikke te?
Jeg drikker ikke kaffe.	Drikker du ikke kaffe?
Jeg liker ikke kaffe.	Liker du ikke kaffe?
Han liker ikke brød.	Liker han ikke brød?
Han liker ikke Norge.	Liker han ikke Norge?
Jeg snakker ikke engelsk.	Snakker du ikke engelsk?

4.

Hvem sitter og snakker sammen?	Anne og Sham.
Hva spiser de?	Kjeks og ost.
Hva drikker de?	Te.
Hva snakker de om?	India.
Hvor kommer Sham fra?	India.
Hvor mange søstre har han?	En søster.
Hvor mange brødre har han?	To brødre.
Hvor bor de?	I Nord-India.

5.

Vil du høre litt om India?	Ja, jeg vil gjerne høre om India.
Vil du fortelle litt om Norge?	Ja, jeg vil gjerne fortelle om Norge.
Vil du ha en kopp kaffe?	Ja, jeg vil gjerne ha en kopp kaffe.
Vil du ha kjeks og ost?	Ja, jeg vil gjerne ha kjeks og ost.
Vil du snakke norsk?	Ja, jeg vil gjerne snakke norsk.

6.

Anne og Sham snakker sammen.	Hvem snakker sammen?
De spiser kjeks og ost.	Hva spiser de?
De snakker om India.	Hva snakker de om?

36

Han kommer fra India.   Hvor kommer han fra?
Han har en søster.   Hvor mange søstre har han?
De bor i Nord-India.   Hvor bor de?

8.
Han snakker norsk nå.   Nå snakker han norsk.
Hun bor i Norge nå.   Nå bor hun i Norge.
Jeg skal kjøpe mat nå.   Nå skal jeg kjøpe mat.
Jeg skal kjøpe mat der.   Der skal jeg kjøpe mat.
Han bor der.   Der bor han.
Han kommer snart.   Snart kommer han.

Leksjon 5

4.
Er det lørdag i dag?   Nei, det er søndag.
Er det mandag i dag?   Nei, det er tirsdag.
Er det onsdag i dag?   Nei, det er torsdag.
Er det søndag i dag?   Nei, det er mandag.
Er det tirsdag i dag?   Nei, det er onsdag.
Er det torsdag i dag?   Nei, det er fredag.
Er det fredag i dag?   Nei, det er lørdag.

5.
Jeg har det bra.   Hvordan har du det?
Jeg skal til byen.   Hvor skal du?
Han kommer fra India.   Hvor kommer han fra?
Han kommer lørdag.   Hvilken dag kommer han?
Det er torsdag.   Hvilken dag er det?

6.
Han tar trikken.   Hvorfor tar han trikken?
Han skal til byen.   Hvorfor skal han til byen?
Han leser norsk.   Hvorfor leser han norsk?
Han kommer til byen.   Hvorfor kommer han til byen?
Jeg skal ta bilen.   Hvorfor skal du ta bilen?
Jeg snakker engelsk.   Hvorfor snakker du engelsk?

7.
Kommer han søndag?   Nei, han kommer lørdag.
Skal du til byen fredag?   Nei, jeg skal til byen torsdag.
Kommer du tirsdag?   Nei, jeg kommer mandag.
Er det onsdag i dag?   Nei, det er tirsdag.
Kommer hun torsdag?   Nei, hun kommer onsdag.
Skal du til byen lørdag?   Nei, jeg skal til byen fredag.
Er det mandag i dag?   Nei, det er søndag.

37

8.

Det er søndag.	Hvilken dag er det?
Jeg tar buss nummer 2.	Hvilken buss tar du?
Jeg liker Volvoen.	Hvilken bil liker du?
Jeg kommer fra Brasil.	Hvilket land kommer du fra?
De snakker fransk der.	Hvilket språk snakker de der?
Han bor i London.	Hvilken by bor han i?
Jeg arbeider lørdag og søndag.	Hvilke dager arbeider du?
Han kommer lørdag.	Hvilken dag kommer han?

10.

Hvem snakker sammen?	Anne og Sham.
Hva snakker de om?	De snakker om å ta en tur til byen.
Hvordan er været?	Det regner.
Skal de på arbeidet?	Nei!
Hvorfor ikke?	Fordi det er lørdag.
Hvordan skal Sham komme til byen?	Han skal kjøre bil.
Kan han ikke ta trikken?	Jo, men det regner så.
Han skal mange steder, ikke sant?	Nei, ikke så mange.

Leksjon 6

3.

Har du ikke fri?	Jo, jeg har fri.
Er det ikke nydelig vær?	Jo, det er nydelig vær.
Har du ikke tid?	Jo, jeg har tid.
Snakker du engelsk?	Ja, jeg snakker engelsk.
Forstår du ikke?	Jo, jeg forstår.
Kommer hun ikke?	Jo, hun kommer.
Skal du til byen?	Ja, jeg skal til byen.

4.

Ser du et bord?	Alle bordene er opptatt.
Har du en stol?	Alle stolene er opptatt.
Kan studentene komme?	Alle studentene er opptatt.
Har du en plass?	Alle plassene er opptatt.
Skal vi ta en bil hjem?	Alle bilene er opptatt.

5.

en	Har du tid til å ta noe å drikke?
to	Har du tid til å ta et glass øl?
tre	Har du tid til å ta en kopp te?
fire	Har du tid til å ta en cola?
fem	Har du tid til å ta en kopp kaffe?

38

6.

Skal jeg prøve der borte?	Ja, prøv der!
Skal jeg ta trikken?	Ja, ta trikken!
Skal jeg snakke norsk?	Ja, snakk norsk!
Skal jeg gå nå?	Ja, gå nå!
Skal jeg kjøpe ost?	Ja, kjøp ost!
Skal jeg spørre Per?	Ja, spør Per!
Skal jeg kjøre nå?	Ja, kjør nå!

7.

Kommer han fra India?	Ja, han kommer visst fra India.
Snakker han engelsk?	Ja, han snakker visst engelsk.
Bor de sammen?	Ja, de bor visst sammen.
Skal de ta trikken?	Ja, de skal visst ta trikken.
Skal de til byen?	Ja, de skal visst til byen.
Skal de kjøpe mat?	Ja, de skal visst kjøpe mat.
Hva betyr:	
Han kommer visst fra India?	Jeg tror at han kommer fra India, men jeg er ikke sikker.

Leksjon 7

3.

Vær så god!	Jeg kan få to purrer.
Vær så god!	Jeg kan få en paprika.
Vær så god!	Jeg kan få to agurker.
Vær så god!	Jeg kan få en bunt gulrotter.

4.

Vil du ha bare en tomat?	Nei, jeg vil gjerne ha to tomater.
Vil du ha bare en gulrot?	Nei jeg vil gjerne ha to gulrøtter.
Vil du ha bare en potet?	Nei, jeg vil gjerne ha to poteter.
Vil du ha bare en agurk?	Nei, jeg vil gjerne ha to agurker.
Vil du ha bare en kopp te?	Nei, jeg vil gjerne ha to kopper te.
Vil du ha bare en paprika?	Nei, jeg vil gjerne ha to paprikaer.

5.

Snakker Sham norsk?	Ja, han snakker norsk.
Spiser Anne og Sham sammen?	Ja, de spiser sammen.
Er du og Sham fra Norge?	Nei, vi er ikke fra Norge.
Er du fra India?	Nei, jeg er ikke fra India.
Er De norsk?	Nei, jeg er ikke norsk.
Er Anne norsk?	Ja, hun er norsk.

6.

Jeg liker ikke poteter.	Liker du ikke poteter?
Han liker ikke paprika.	Liker han ikke paprika?
Hun liker ikke poteter.	Liker hun ikke poteter?
Jeg skal ikke ta bussen.	Skal du ikke ta bussen?

7.

Per liker ikke poteter.	Men jeg liker godt poteter.
De liker ikke paprika.	Men jeg liker godt paprika.
Han liker ikke purre.	Men jeg liker godt purre.
De liker ikke å snakke norsk.	Men jeg liker godt å snakke norsk.
Han liker ikke snø.	Men jeg liker godt snø.

8.

Hva koster potetene?	De koster to femti pr. kilo.
Hva koster gulrøttene?	De koster tre femti pr. kilo.
Hva koster tomatene?	De koster åtte kroner kiloen.
Hva koster purren?	Den koster fire femten pr. kilo.
Hva koster paprikaen?	Den koster ti kroner kiloen.
Hva koster agurkene?	De koster 7,20 pr. kilo.

9.

en	Hva koster potetene i dag?
to	Hva koster gulrøttene i dag?
tre	Hva koster tomatene i dag?
fire	Hva koster purren i dag?
fem	Hva koster paprikaen i dag?
seks	Hva koster agurkene i dag?

Leksjon 8

4.

Den bilen er stor	Ja, men denne er større.
De kakene er gode.	Ja, men disse er bedre.
Det huset er gammelt.	Ja, men dette er eldre.
Den stolen er billig.	Ja, men denne er billigere.
De klærne er fine.	Ja, men disse er finere.
Den maten er god.	Ja, men denne er bedre.
Det bordet er lite.	Ja, men dette er mindre.

5.

Hvordan er huset?	Det er stort.
Hvordan er bilen?	Den er gammel.
Hvordan er været?	Det er pent.
Hvordan er huset?	Det er kaldt.
Hvordan er maten?	Den er god.
Hvordan er bildene?	De er fine.
Hvordan er stolene?	De er gode.
Hvordan er paprikaen?	Den er rød.
Hvordan er tomatene?	De er røde.
Hvordan er huset?	Det er rødt.

40

6.

Det er kaldere i Norge enn i Danmark.	Hvor er det kaldest, i Norge eller i Danmark?
Det er billigere på loppemarkedet enn i forretningene.	Hvor er det billigst, på loppemarkedet eller i forretningene?
Det er mindre regn i Oslo enn i Bergen.	Hvor er det minst regn, i Oslo eller i Bergen?
Det er bedre mat i restauranten enn i kafeteriaen.	Hvor er det best mat, i restauranten eller i kafeteriaen?
Det er dyrere øl i Norge enn i England.	Hvor er det dyrest øl, i Norge eller i England?
Anne er eldre enn Kari.	Hvem er eldst, Anne eller Kari?

7.

Hvor er det dyrest øl, i Norge eller i England?	Det er dyrere øl i Norge enn i England.
Hvor er det billigst, på loppemarkedet eller i forretningene?	Det er billigere på loppemarkedet enn i forretningene.
Hvor er det minst regn, i Oslo eller i Bergen?	Det er mindre regn i Oslo enn i Bergen.
Hvor er det kaldest, i Norge eller i Frankrike?	Det er kaldere i Norge enn i Frankrike.
Hvor er det best mat, i restauranten eller i kafeteriaen?	Det er bedre mat i restauranten enn i kafeteriaen.

8.

Hva er et loppemarked?	Det er et sted hvor man selger og kjøper gamle ting.
Hva kan man kjøpe på et loppemarked?	Mange forskjellige ting, f.eks. sko, klær, møbler, bøker, bilder, kopper, osv.
Selger de nye ting også?	Nei, bare gamle ting.
Hvorfor vil folk kjøpe gamle ting?	Blant annet fordi de er billigere enn nye ting.
Hva kjøper Kari på loppemarked?	Møbler.
Hva slags møbler liker hun best?	Antikke møbler.
Hva gjør hun med de møblene som hun kjøper på loppemarked?	Hun pusser dem opp.

Leksjon 9

3.

Er hun der nå?	Nei, men hun var der i går.
Kommer de i dag?	Nei, men de kom i går.
Kommer hun ikke i dag?	Nei, men hun kom i går.
Er han syk?	Nei, men han var syk i går.
Skal de gå dit i dag?	Nei, men de gikk dit i går.

4.

Når var du i India?	For to år siden var jeg i India.
Når kom du til Norge?	For to år siden kom jeg til Norge.
Når var han syk?	For to år siden var han syk.
Når gikk du på skolen?	For to år siden gikk jeg på skolen.
Når fortalte de det?	For to år siden fortalte de det.

5.

Per var der.	Hvem var der?
Han var der *i går*.	Når var han der?
Han kom fra *byen*.	Hvor kom han fra?
Brevet kom fra *mor*.	Hvem kom det fra?
Han spiste en gulrot.	Hva spiste han?
Han gikk til trikken.	Hvor gikk han?
Han var frisk.	Hvordan var han?

6.

I går var han på skolen.	I dag er han også på skolen.
I går var han syk.	I dag er han også syk.
I går var de der.	I dag er de også der.
I går var det kaldt.	I dag er det også kaldt.
I går var det glatt ute.	I dag er det også glatt ute.

7.

Han er på skolen i dag.	I går var han også på skolen.
Hun er syk i dag.	I går var hun også syk.
De er der i dag.	I går var de også der.
Det er kaldt i dag.	I går var det også kaldt.
Det er glatt ute i dag.	I går var det også glatt ute.

8.

Var det det brevet?	Nei, det var dette.
Var det den skolen?	Nei, det var denne.
Er det den trikken?	Nei, det er denne.
Er det de brevene?	Nei, det er disse.
Var det den teen?	Nei, det var denne.
Var det det bildet?	Nei, det var dette.
Var det de studentene?	Nei, det var disse.

Leksjon 10

1.

Har du stor familie?	Nei, ikke så stor.
Er du sulten?	Nei, ikke så sulten.
Var det mange der?	Nei, ikke så mange.
Er de gamle?	Nei, ikke så gamle.
Besøker du ofte broren din?	Nei, ikke så ofte.

42

2.

Hun er tre år.	Hvor gammel er hun?
De er 60 år.	Hvor gamle er de?
Han heter Per.	Hva heter han?
Hun bor i India.	Hvor bor hun?
Hun var syk i går.	Når var hun syk?
Det kostet 60 kroner.	Hvor mye kostet det?

3.

Har du en tante?	Jeg har mange tanter.
Har du en bror?	Jeg har mange brødre.
Har du en onkel?	Jeg har mange onkler.
Var det et brev?	Det var mange brev.
Var du der ett år?	Jeg var der mange år.

4.

fem	Hvem er det?	Det er tanten min.
seks	Hvem er det?	Det er onkelen min.
ni	Hvem er det?	Det er søsteren min.
to	Hvem er det?	Det er onkelen min.
tre	Hvem er det?	Det er moren min.
fire	Hvem er det?	Det er faren min.
en og fem	Hvem er det?	Det er tantene mine.
to og seks	Hvem er det?	Det er onklene mine.

6.

Har du en tante?	Ja, det har jeg.
Er du sulten?	Ja, det er jeg.
Er det fint vær i dag?	Ja, det er det.
Var det fint vær i går også?	Ja, det var det.
Heter hun Anne?	Ja, det gjør hun.
Snakker hun norsk?	Ja, det gjør hun.
Liker du poteter?	Ja, det gjør jeg.
Vil du ha en kopp kaffe?	Ja, det vil jeg.

Leksjon 11

1.

a) Hvor mange er klokka?		Klokka er tre.
b)	.. " .	Klokka er fem over tre.
c)	– " –	Klokka er kvart over seks.
d)	– " –	Klokka er ti på halv sju.
e)	– " –	Klokka er halv ni.
f)	– " –	Klokka er kvart på ett.
g)	– " –	Klokka er fem på ti.
h)	– " –	Klokka er fem over halv tolv.

43

2.

Har hun kommet?	Nei, men hun skal snart komme.
Har han kjørt?	Nei, men han skal snart kjøre.
Har du besøkt broren din?	Nei, men jeg skal snart besøke ham.
Har du fortalt det?	Nei, men jeg skal snart fortelle det.
Har du kjøpt bilen?	Nei, men jeg skal snart kjøpe den.
Har du spist?	Nei, men jeg skal snart spise.

3.

Anne er i Amerika.	Jeg har også vært i Amerika.
Per er syk.	Jeg har også vært syk.
Han har feber.	Jeg har også hatt feber.
Han snakker med Anne.	Jeg har også snakket med Anne.
De tar en kopp te.	Jeg har også tatt en kopp te.
Hun kjøper mat.	Jeg har også kjøpt mat.
De spiser kjeks og ost.	Jeg har også spist kjeks og ost.

4.

Er du ikke bra?	Jo, jeg er bra.
Kommer du ikke fra India?	Jo, jeg kommer fra India.
Liker du ikke te?	Jo, jeg liker te.
Liker du te?	Ja, jeg liker te.
Snakker du ikke norsk?	Jo, jeg snakker norsk.
Har du bil?	Ja, jeg har bil.

5.

Er du ikke bra?	Jo, det er jeg.
Kommer du ikke fra India?	Jo, det gjør jeg.
Liker du ikke te?	Jo, det gjør jeg.
Liker du te?	Ja, det gjør jeg.
Har du bil?	Ja, det har jeg.

Leksjon 12

1.

Jeg heter Per Nilsen.	Hva heter De?
Jeg snakker norsk.	Snakker De norsk?
Jeg har arbeid i Oslo.	Har De arbeid i Oslo?
Han har snakket med meg.	Har han snakket med Dem?
Det er familien min.	Er det familien Deres?
Jeg har vært i Italia.	Har De vært i Italia?
Det er til meg.	Er det til Dem?
Jeg er fransk.	Er De fransk?

44

2.

Skal jeg snakke engelsk eller norsk?	Snakk norsk!
Skal jeg gå til Per eller Anne?	Gå til Anne!
Skal jeg lage kaffe eller te?	Lag te!
Skal vi spise poteter eller brød?	Spis brød!
Skal jeg gå ut eller holde senga?	Hold senga!
Skal jeg fortelle om Norge eller India?	Fortell om India!
Skal vi ta trikken eller bilen?	Ta bilen!

4.

Hvor er Per Nilsen?	Han er hos legen.
Hvem er hos legen?	Per Nilsen.
Når er han født?	5. mars 1938.
Hvilket yrke har han?	Han er lærer.
Hva gjør legen?	Han undersøker Per.
Er han syk?	Ja, han har bronkitt.
Hva får Per av legen?	En resept.
Hvor kan han kjøpe medisinene?	På apoteket.
Når skal han komme tilbake?	Om en uke.

5.

Ta av Dem! Hva sier han?	Du skal ta av deg.
Kom hit! Hva sier han?	Du skal komme hit.
Spis maten! Hva sier han?	Du skal spise maten.
Ta av Dem på overkroppen. Hva sier han?	Du skal ta av deg på overkroppen.
Snakk norsk! Hva sier han?	Du skal snakke norsk.
Hold senga til du er frisk! Hva sier han?	Du skal holde senga til du er frisk.

6.

Er du syk?	Nei, men i går var jeg syk.
Har du smerter?	Nei, men i går hadde jeg smerter.
Har du feber?	Nei, men i går hadde jeg feber.
Kommer hun i dag?	Nei, men i går kom hun.
Tar han bussen i dag?	Nei, men i går tok han bussen.

9.

Har han vært her?	Ja, han var her for tre timer siden.
Har du snakket med henne?	Ja, jeg snakket med henne for tre timer siden.
Har han tatt medisinen?	Ja, han tok den for tre timer siden.
Har de kommet?	Ja, de kom for tre timer siden.
Har hun gått?	Ja, hun gikk for tre timer siden.
Har han begynt?	Ja, han begynte for tre timer siden.

10.

Han er her.	Hvor lenge har han vært her?
De bor her.	Hvor lenge har de bodd her?
Han arbeider på det kontoret.	Hvor lenge har han arbeidet der?
Hun tar den medisinen.	Hvor lenge han hun tatt den?
Han kjenner Kari.	Hvor lenge har han kjent henne?
Vi venter på trikken.	Hvor lenge har dere ventet på den?
Han er syk.	Hvor lenge har han vært syk?

Leksjon 13

A.

1. Hansen, vær så god!	Kan jeg få snakke med Anne?
2. Hansen, vær sa god?	Kan jeg få snakke med Knut?
4. Hansen, vær så god!	Kan jeg fa snakke med Peter?
3. Hansen, vær så god!	Kan jeg få snakke med Nina?

B.

2. Hansen, vær sa god!	Kan jeg få snakke med Knut?
3. Hansen, vær sa god!	Kan jeg få snakke med fru Hansen eller: Kan jeg få snakke med Nina Hansen?
1. Hansen, vær sa god!	Kan jeg få snakke med Anne?
4. Hansen, vær sa god!	Kan jeg få snakke med Hansen? eller: Kan jeg fa snakke med Peter Hansen?

C.

3. Hansen, vær sa god!	Kan jeg fa snakke med fru Hansen? eller: Kan jeg få snakke med Nina Hansen?
1. Hansen, vær sa god!	Kan jeg fa snakke med Anne Hansen?
4. Hansen, vær så god!	Kan jeg få snakke med Hansen eller: Kan jeg få snakke med Peter Hansen?
2. Hansen, vær så god!	Kan jeg få snakke med Knut Hansen?

2.

Vil du komme til oss?	Vi lurte på om du ville komme til oss.
Vil du fortelle om hjemlandet ditt?	Vi lurte på om du ville fortelle om hjemlandet ditt.
Er du syk?	Vi lurte på om du var syk.
Er du hjemme hele dagen?	Vi lurte på om du var hjemme hele dagen.
Vil du spise hos oss?	Vi lurte på om du ville spise hos oss.
Vil du snakke med Anne?	Vi lurte på om du ville snakke med Anne.
Skal du til byen i dag?	Vi lurte på om du skulle til byen i dag.

46

3.

Når skal jeg komme?	åtte	Ved åtte-tiden, tenkte vi.
Når skal jeg komme?	tolv	Ved tolv-tiden, tenkte vi.
Når skal vi gå?	seks	Ved seks-tiden, tenkte vi.
Når skal vi spise?	fem	Ved fem-tiden, tenkte vi.
Når skal vi drikke kaffe?	ni	Ved ni-tiden, tenkte vi.

Leksjon 14

1.

Dette er Anne.	Har du hilst på Anne?
Dette er kona mi.	Har du hilst på kona mi?
Dette er broren min.	Har du hilst på broren min?
Dette er mannen min.	Har du hilst på mannen min?
Dette er læreren min.	Har du hilst på læreren min?
Dette er foreldrene mine.	Har du hilst på foreldrene mine?
Dette er vennene mine.	Har du hilst på vennene mine?

2.

Det var god mat.	Det synes jeg ogsa.
Det blir sikkert pent vær.	Det tror jeg også.
Det er kaldt i Norge.	Det synes jeg også.
Han kommer nok.	Det tror jeg også.
Hun har pene klær.	Det synes jeg også.
Han snakker godt norsk.	Det synes jeg også.
Vi fikk god mat i dag.	Det synes jeg også.
Hun var sikkert på kino i gar.	Det tror jeg også.

3.

Jeg bor i Norge nå.	Hvordan liker du deg her?
Sham bor i India.	Hvordan liker han seg der?
Marie bor i Afrika.	Hvordan liker hun seg der?
Per og Kari bor i Bergen.	Hvordan liker de seg der?
Vi bor i England.	Hvordan liker dere dere der?

4.

Jeg ser en fin bil.	Ser du den fine bilen?
Jeg liker norsk øl.	Liker du det norske ølet?
Jeg liker sur melk.	Liker du den sure melken?
Jeg kjøpte noen dyre epler.	Kjøpte du de dyre eplene?
Jeg fikk en hyggelig invitasjon.	Fikk du den hyggelige invitasjonen?

47

5.

Er det Per?	Nei, dette er ikke Per.
Er det Ali?	Nei, dette er ikke Ali.
Er det broren din?	Nei, dette er ikke broren min.
Er det bøkene dine?	Nei, dette er ikke bøkene mine.
Er det koppen din?	Nei, dette er ikke koppen min.
Er det boka di?	Nei, dette er ikke boka mi.
Er det huset ditt?	Nei, dette er ikke huset mitt.
Er det klærne dine?	Nei, dette er ikke klærne mine.
Er det barna dine?	Nei, dette er ikke barna mine.

6.

Jeg vil ikke snakke norsk.	Hvorfor det?
Har du penger?	Ja, hvordan det?
Har du leilighet i byen?	Ja, hvordan det?
Jeg må ta trikken.	Hvorfor det?
Jeg kan ikke komme.	Hvorfor det?
Kan du komme?	Ja, hvordan det?
Studerer du norsk ennå?	Ja, hvordan det?
Kjenner du Anne?	Ja, hvordan det?
Jeg må se henne.	Hvorfor det?

Leksjon 15

1.

Hvordan var ølet?	Det var godt.
Hvordan var maten?	Den var god.
Hvordan var vinen?	Den var god.
Hvordan var brødet?	Det var godt.
Hvordan var gryteretten?	Den var god.
Hvordan var potetene?	De var gode.
Hvordan var osten?	Den var god.

2.

Liker du gamle hus?	Ja, jeg vil gjerne ha et gammelt
Liker du røde epler?	Ja, jeg vil gjerne ha et rødt eple.
Liker du franske retter?	Ja, jeg vil gjerne ha en fransk rett.
Liker du store biler?	Ja, jeg vil gjerne ha en stor bil.
Liker du nye hus?	Ja, jeg vil gjerne ha et nytt hus.

3.

en	Skal det være litt mer vin?
to	Skal det være litt mer øl?
tre	Skal det være litt mer mat?
fire	Skal det være litt mer brød?
fem	Skal det være litt mer ost?
seks	Skal det være litt mer poteter?

48

4.

Skal det være litt mer vin?	Ja takk, gjerne. Det var god vin.
Skal det være litt mer øl?	Ja takk, gjerne. Det var godt øl.
Skal det være litt mer mat?	Ja takk, gjerne. Det var god mat.
Skal det være litt mer brød?	Ja takk, gjerne. Det var godt brød.
Skal det være litt mer ost?	Ja takk, gjerne. Det var god ost.
Skal det være litt mer poteter?	Ja takk, gjerne. Det var gode poteter.
Skal det være litt mer te?	Ja takk, gjerne. Det var god te.

6.

Hvordan serverte hun maten?	Maten ble servert varm.
Hva gjorde hun med løken?	Løken ble delt opp.
Delte hun opp gulrøttene også?	Ja, gulrøttene ble vasket og delt opp.
Hvor la hun kjøttet og grønn-sakene?	De ble lagt i en jerngryte.
Hvor lenge kokte hun kjøttet?	Kjøttet ble kokt i ca. 40 minutter.

7.

Hvordan skal jeg skjære kjøttet?	Kjøttet skjæres i terninger.
Hva skal jeg så gjøre med kjøttet?	Kjøttet må kokes.
Og hva med krydderet?	Krydderet tilsettes etter smak.
Hvor lenge skal jeg koke kjøttet?	Kjøttet kokes til det er mørt.
Hvordan skal jeg servere maten, varm eller kald?	Maten skal serveres varm.
Hvordan skal vinen være?	Vinen skal serveres temperert.

Leksjon 16

1.

Skal vi snakke norsk?	Hvis du vil, kan vi snakke norsk.
Skal vi gå?	Hvis du vil, kan vi gå.
Skal vi ta en kopp te?	Hvis du vil, kan vi ta en kopp te.
Skal vi ta trikken?	Hvis du vil, kan vi ta trikken.
Skal vi gjøre det?	Hvis du vil, kan vi gjøre det.
Skal vi hilse på henne?	Hvis du vil, kan vi hilse på henne.
Skal vi besøke dem?	Hvis du vil, kan vi besøke dem.

2.

Er hun på rommet?	Ja, hun er på rommet sitt.
Er hun sammen med foreldrene?	Ja, hun er sammen med foreldrene sine.
Snakket hun med broren?	Ja, hun snakket med broren sin.
Bruker de bilen?	Ja, de bruker bilen sin.
Tar han bilen?	Ja, han tar bilen sin.

3.

Er det huset til Anne?	Ja, det er huset hennes. Hun skal snart selge huset sitt.
Er det bilen til Per?	Ja, det er bilen hans. Han skal snart selge bilen sin.
Er det båten til familien Hansen?	Ja, det er båten deres. De skal snart selge båten sin.
Er det bildene til Per?	Ja, det er bildene hans. Han skal snart selge bildene sine.
Er det leiligheten til Marie?	Ja, det er leiligheten hennes. Hun skal snart selge leiligheten sin.
Er det bildene til Per og Kari?	Ja, det er bildene deres. De skal snart selge bildene sine.

4.

Kan jeg komme?	Ja, du kan komme så ofte du vil.
Kan jeg bruke kjøkkenet?	Ja, du kan bruke det så ofte du vil.
Kan jeg låne telefonen?	Ja, du kan låne den så ofte du vil.
Kan jeg besøke dere?	Ja, du kan besøke oss så ofte du vil.
Kan jeg ta bilen din?	Ja, du kan ta den så ofte du vil.

6.

Hvor bor Marie?	I Kirkeveien 6.
Hvem er familien Hansen?	Det er vertsfolket hennes.
Hvordan er de?	De er veldig hyggelige.
Lager hun mat på rommet sitt?	Nei, hun kan ikke lage mat der.
Hvor kan hun lage mat, da?	På kjøkkenet deres.
Hva betaler hun i leie?	Hun betaler 200 kroner måneden.
Er det dyrt?	Nei, det er billig.
Hvorfor vil hun ha et større sted å bo?	For det er bedre med eget bad og kjøkken.

Leksjon 17

1.

Når kommer du?	Om to dager.
Når så du ham?	For to dager siden.
Hvor lenge skal du være her?	I to dager.
Når skal du reise?	Om to dager.
Når fikk du brevet?	For to dager siden.
Når var han syk?	For to dager siden.
Hvor lenge skal du bo her?	I to dager.
Hvor lenge bodde han her?	I to dager.
Når så du dem?	For to dager siden.

50

2.

Bodde han på hybel?	Ja, han bodde på en liten hybel.
Hadde han en søster?	Ja, han hadde en liten søster.
Har du bil?	Ja, jeg har en liten bil.
Har du hus?	Ja, jeg har et lite hus.
Liker du katter?	Ja, jeg liker små katter.
Så du huset?	Ja, jeg så det lille huset.
Hilste du på gutten?	Ja, jeg hilste på den lille gutten.

3.

Han kommer i morgen.	Jeg vet det.
Tror du han kommer?	Ja, jeg tror det.
Vil du komme?	Ja, jeg vil det.
Må du reise?	Ja, jeg må det.
Det regner ute.	Ja, jeg vet det.
Nå er klokka to.	Ja, jeg vet det.
Synes du det var fint?	Ja, jeg synes det.

4.

Det er sønnen til Anne.	Er det sønnen hennes?
Det er huset til Per.	Er det huset hans?
Det er bilen til Per og Kari.	Er det bilen deres?
Det er bilene til Per og Kari.	Er det bilene deres?
Det er bilen til Per.	Er det bilen hans?
Det er bilene til Per.	Er det bilene hans?
Vi kjøpte det huset.	Er det huset deres?
Han fikk den hybelen.	Er det hybelen hans?
Det er søsteren til Anne.	Er det søsteren hennes?
Sham kjøpte den boka.	Er det boka hans?

5.

Det regner.	Han sier at det regner.
Han kommer snart.	Han sier at han kommer snart.
Har du fått hybel?	Han spør om du har fått hybel.
Hva koster leiligheten?	Han spør hva leiligheten koster.
Jeg tar hybelen.	Han sier at han tar hybelen.
Kan du betale kontant?	Han spør om du kan betale kontant.
Hva heter du?	Han spør hva du heter.
Hvor kommer du fra?	Han spør hvor du kommer fra.
Snakker du norsk?	Han spør om du snakker norsk.
Jeg kan litt engelsk.	Han sier at han kan litt engelsk.

1.

Har han ikke kommet ennå?	Nei, men han skulle snart være her.
Har ikke bussen kommet ennå?	Nei, men den skulle snart være her.
Har ikke Anne kommet enna?	Nei, men hun skulle snart være her.
Har ikke barna kommet ennå?	Nei, men de skulle snart være her.
Har ikke trikken kommet enna?	Nei, men den skulle snart være her.
Har ikke posten kommet ennå?	Nei, men den skulle snart være her.
Har de ikke kjørt ennå?	Nei, men de skulle snart kjøre.
Har de ikke kjøpt hus enna?	Nei, men de skulle snart kjøpe et.
Har de ikke fått leilighet ennå?	Nei, men de skulle snart få en.

2.

Bussen har ikke kommet.	Kommer ikke bussen snart?
Anne har ikke kommet.	Kommer ikke Anne snart?
Barna har ikke kommet.	Kommer ikke barna snart?
Trikken har ikke kommet.	Kommer ikke trikken snart?
Posten har ikke kommet.	Kommer ikke posten snart?

3.

Bussen har ikke kommet ennå.	Kommer den ikke snart?
Anne har ikke kommet enna.	Kommer hun ikke snart?
Barna har ikke kommet ennå.	Kommer de ikke snart?
Trikken har ikke kommet ennå.	Kommer den ikke snart?
Posten har ikke kommet ennå.	Kommer den ikke snart?

4.

Jeg kommer ikke.	Han sier at han ikke kommer.
Jeg kan ikke komme.	Han sier at han ikke kan komme.
Jeg er ikke syk.	Han sier at han ikke er syk.
Jeg tar ofte trikken.	Han sier at han ofte tar trikken.
Jeg har ikke penger.	Han sier at han ikke har penger.
Jeg kan ikke ta bilen.	Han sier at han ikke kan ta bilen.

5.

Tror du vi kommer for sent?	Jeg håper vi ikke kommer for sent.
Tror du været blir dårlig?	Jeg håper det ikke blir dårlig.
Tror du trikken er forsinket?	Jeg håper den ikke er forsinket.
Tror du butikken er stengt?	Jeg håper den ikke er stengt.
Tror du bussen har kjørt?	Jeg håper den ikke har kjørt.
Tror du vi har for lite penger?	Jeg håper vi ikke har for lite penger.

6.

Han kom hit i går.	Nå er han her.
Hun reiste dit i går.	Nå er hun der.
Hun reiste hjem for to timer siden.	Nå er hun hjemme.
Han gikk inn.	Nå er han inne.
Han gikk opp.	Nå er han oppe.
Kom han ned?	Ja, nå er han nede.

7.

Han er oppe.	Gikk han opp?
Han er der nå.	Gikk han dit?
Han er hjemme.	Gikk han hjem?
Han er nede.	Gikk han ned?
Han er inne.	Gikk han inn?

8.

Det er to kilometer til byen.	Hvor langt er det til byen?
Jeg har vært her i to måneder.	Hvor lenge har du vært her?
Det tok 5 timer med fly.	Hvor lang tid tok det med fly?
Det tar 10 minutter med trikken.	Hvor lang tid tar det med trikken?
Jeg brukte 10 minutter.	Hvor lang tid brukte du?
Jeg gikk 10 kilometer.	Hvor langt gikk du?
Jeg skal være her i ett år.	Hvor lenge skal du være her?
Det er veldig langt til Japan.	Hvor langt er det til Japan?

Leksjon 19

1.

Jeg kommer nå.	Hun sa at hun kom nå.
Jeg leser norsk.	Hun sa at hun leste norsk.
Han bor i India.	Hun sa at han bodde i India.
Hun går på skolen.	Hun sa at hun gikk på skolen.
Hun liker norsk mat.	Hun sa at hun likte norsk mat.
Jeg skal ta trikken.	Hun sa at hun skulle ta trikken.
Jeg vil ikke gå.	Hun sa at hun ikke ville gå.

2.

Jeg snakker ikke norsk.	Han sa at han ikke snakket norsk.
Jeg kommer ikke fra India.	Han sa at han ikke kom fra India.
Jeg kan ikke komme.	Han sa at han ikke kunne komme.
Jeg vil ikke si det.	Han sa at han ikke ville si det.
Jeg går ikke på skolen.	Han sa at han ikke gikk på skolen.
Jeg vil ikke ha mat.	Han sa at han ikke ville ha mat.

53

3.

Snakker du norsk?	Han spør om du snakker norsk.
Liker du deg her?	Han spør om du liker deg her.
Bor du i byen?	Han spør om du bor i byen.
Kjenner du Colette?	Han spør om du kjenner Colette.
Hvor bor du?	Han spør hvor du bor.
Hva heter du?	Han spør hva du heter.
Hvem snakker du med?	Han spør hvem du snakker med.
Hvilken dag er det i dag?	Han spør hvilken dag det er i dag.
Hvem er det?	Han spør hvem det er.

4.

Gikk han opp?	Nei, han gikk ned.
Gikk han inn?	Nei, han gikk ut.
Kjørte de til høyre?	Nei, de kjørte til venstre.
Var de alene?	Nei, de var sammen med noen.
Var det kaldt?	Nei, det var varmt.
Var det tidlig på dagen?	Nei, det var sent.
Var det vanskelig?	Nei, det var lett.
Er vesken tung?	Nei, den er lett.
Var maten deilig?	Nei, den var vond.
Var det pent vær?	Nei, det var dårlig vær.
Blåste det?	Nei, det var stille.
Var bilen stor?	Nei, den var liten.
Var barna store?	Nei, de var små.

5.

Han drakk kaffe. Han leste avisa.	Først drakk han kaffe, så leste han avisa.
Han tok bussen. Han tok trikken.	Først tok han bussen, så tok han trikken.
Han besøkte Anne. Han gikk på kino.	Først besøkte han Anne, så gikk han på kino.
Han lærte norsk. Han begynte å jobbe.	Først lærte han norsk, så begynte han å jobbe.
De bodde på hybel. De fikk en leilighet.	Først bodde de på hybel, så fikk de en leilighet.

7.

Jens, nå skal vi av.	Hun sa til Jens at nå skulle de av.
Kan du trykke på knappen?	Hun spurte om han kunne trykke på knappen.
Marit, vet du hvor Liaveien er?	Hun spurte om Marit visste hvor Liaveien var.
Nei, jeg aner ikke.	Hun svarte at hun ikke ante det.
Vi får spørre noen.	Hun sa at de fikk spørre noen.
Hvor ligger Liaveien?	Hun spurte hvor Liaveien lå.

Dere må ta denne veien.	Hun sa at de måtte ta denne veien.
Følg den et stykke.	Hun sa at de måtte følge den et stykke.
Tusen takk for hjelpen.	Hun takket for hjelpen.

Leksjon 20

1.

Hvor skal du på ferie?	Jeg har tenkt meg en tur sørover.
Hvor skal du på ferie?	Jeg har tenkt meg en tur til Danmark.
Hvor skal du på ferie?	Jeg har tenkt meg en tur på landet.
Hvor har dere tenkt dere i ferien?	Vi har tenkt oss en tur på fjellet.
Hvor har dere tenkt dere i ferien?	Vi har tenkt oss en tur til Vestlandet.
Hvor har du tenkt deg i ferien?	Jeg har tenkt meg en tur til fjells.
Hvor skal du i ferien?	Jeg har tenkt meg en tur til Syden.
Hvor skal du i ferien?	Jeg har tenkt meg en tur til Fjerne Østen.
Hvor har de tenkt seg i ferien?	De har tenkt seg til utlandet.
Hvor skal dere på ferie?	Vi har tenkt oss nordover.

2.

1. Hvordan skal du komme deg dit?	Jeg skal ta toget.
2. Hvordan skal dere komme dere dit?	Vi skal ta bilen.
3. Hvordan skal de komme seg dit?	De skal ta flyet. Eller: De skal fly.
4. Hvordan skal du komme deg dit?	Jeg skal sykle.
5. Hvordan skal dere komme dere dit?	Vi skal gå til fots.
6. Hvordan skal dere komme dere dit?	Vi skal ta båten.

3.

Hvor lenge skal du være der?	Jeg har tenkt å være der et par dager.
Hvor lenge skal du være der?	Jeg har tenkt å være der i fjorten dager.
Hvor lenge skal dere være der?	Vi har tenkt å være der i en måned.
Hvor lenge skal dere være der?	Vi har tenkt å være der i to måneder.
Hvor lenge skal dere være der?	Vi har tenkt å være der i en uke.
Hvor lenge skal de være der?	De har tenkt å være der i en og en halv uke.
Hvor lenge skal de være der?	De har tenkt å være der fra lørdag til mandag.
Hvor lenge skal du være der?	Jeg har tenkt å være der fra lørdag til søndag. Eller: Jeg har tenkt å være der en helg.

55

4.

Hva skal du ta med deg?	Jeg har tenkt å ta med meg en koffert.
Hva skal du ta med deg?	Jeg har tenkt å ta med meg en veske.
Hva skal du ta med deg?	Jeg har tenkt å ta med meg en ryggsekk.
Hva skal du ta med deg?	Jeg har tenkt å ta med meg ryggsekk, sovepose og fiskestang.
Hva skal dere ta med dere?	Vi har tenkt å ta med oss to kofferter.
Hva skal dere ta med dere?	Vi har tenkt å ta med oss en koffert og en veske.
Hva skal du ta med deg?	Jeg har tenkt å ta med meg veske og para

5.

en	Hva gjør han?	Han svømmer.
to	Hva gjør hun?	Hun dusjer.
tre	Hva gjør han?	Han sykler.
fire	Hva gjør hun?	Hun soler seg.
fem	Hva gjør de?	De sparker fotball.
seks	Hva gjør de?	De bader.
sju	Hva gjør hun?	Hun bader.

Leksjon 21

1.

Skal jeg gå?	Nei, ikke gå!
Skal jeg ringe til rørleggeren?	Nei, ikke ring til ham!
Skal jeg kjøpe kjolen?	Nei, ikke kjøp den.
Skal jeg ta den kaken?	Nei, ikke ta den!
Skal vi snakke engelsk?	Nei, ikke snakk engelsk!
Skal jeg slukke lyset?	Nei, ikke slukk det!
Skal jeg lukke døra?	Nei, ikke lukk den!
Skal jeg lese brevet?	Nei, ikke les det!

2.

Skal vi prøve det?	Ja, la oss prøve det!
Skal vi ringe etter rørleggeren?	Ja, la oss ringe!
Skal vi gå nå?	Ja, la oss gå nå!
Skal vi spørre henne?	Ja, la oss spørre henne!
Skal han få gjøre det?	Ja, la ham gjøre det!
Skal hun få komme?	Ja, la henne komme!

3.

Er Pål eldst?	Nei, han er yngst.
Er Lise minst?	Nei, hun er størst.
Er Lise yngst?	Nei, hun er eldst.
Er Pål størst?	Nei, han er minst.
Hvem er eldst?	Lise er eldst.
Hvem er yngst?	Pål er yngst.
Hvem er minst?	Pål er minst.
Hvem er størst?	Lise er størst.

56

4.
Er Pål eldre enn Lise?
Er Pål større enn Lise?
Er Lise mindre enn Pål?
Er Lise yngre enn Pål?
Er Pål yngre enn Lise?
Er Lise eldre enn Pål?
5.
Er Pål yngre enn Lise?
Er Pål mindre enn Lise?
Er Lise eldre enn Pål?
Er Lise større enn Pål?
6.
Per skrur av krana.
Han skrur på krana.
Anne tar på seg kåpa.
Per spiser opp eplet sitt.
Ole tar med seg barna.
Anne kjører fram bilen.
Hun har lest ut boka.
De har spist opp hele pizzaen.

8.
Hvem ringte Per til?
Hvorfor ringte han dit?
Ringte han med en gang til rør-
    leggeren?
Klarte han det ikke?
Hva gjorde han for a prøve a
    finne feilen?
Var den gatt i stykker?
Var det vanskelig a fa tak i en
    rørlegger?
Hvordan fikk han tak i rørleg-
    geren?

Nei. han er yngre enn henne.
Nei. han er mindre enn henne.
Nei. hun er større enn ham.
Nei. hun er eldre enn ham.
Ja. han er yngre enn henne.
Ja. hun er eldre enn ham.

Ja. han er den yngste av dem.
Ja. han er den minste av dem.
Ja. hun er den eldste av dem.
Ja. hun er den største av dem.

Han skrur den av.
Han skrur den på.
Hun tar den på seg.
Han spiser det opp.
Han tar dem med seg.
Hun kjører den fram.
Hun har lest den ut.
De har spist den opp.

Han ringte til rørleggeren.
Fordi det var lekkasje pa badet.
Nei. han prøvde først selv a
    reparere det.
Nei. han gjorde ikke det.
Han skrudde av krana.

Nei. den sa fin ut.
Nei. han kunne komme med
    en gang.
Han ringte til ham.

Leksjon 22

1.
Kan du komme i morgen?
Kan du justere bremsene?
Kan du justere lysene?
Kan dere skifte olje?
Kan dere komme til oss i kveld?
Vil du bli med på kino?

Det spørs om jeg får tid til det.
Det spørs om jeg får tid til det.
Det spørs om jeg får tid til det.
Det spørs om vi får tid til det.
Det spørs om vi får tid til det.
Det spørs om jeg får tid til det.

57

2.

Vil du ha kaffe eller te?	Te, nei forresten, kaffe.
Vil du ha vin eller øl?	Øl, nei forresten, vin.
Vil du på kino eller i teater?	I teater, nei forresten, på kino.
Skal vi ta trikken eller bussen?	Bussen, nei forresten, trikken.
Skal vi snakke norsk eller engelsk?	Engelsk, nei forresten, norsk.

3.

Per har bestilt time på verkstedet.	Det stemmer.
Han har bestilt time for å justere bremsene.	Det stemmer ikke.
Han har vært på en lengre reise.	Det stemmer ikke.
Han skal på en lengre reise.	Det stemmer.
Ekspeditøren lovte å justere bremsene.	Det stemmer ikke.
Han lovte at bilen skulle være ferdig ved 12-tiden.	Det stemmer ikke.
Den skulle være ferdig ved tre-tiden.	Det stemmer.
Telefonnummeret til Per er 46 00 80.	Det stemmer.
De kan ikke ringe til Per på kontoret.	Det stemmer ikke.

4.

Har du bestilt time?	Han spurte om du hadde bestilt time.
Kan dere justere bremsene?	Han spurte om dere kunne justere bremsene.
Vi har veldig mye å gjøre i dag.	Han sa at de hadde veldig mye å gjøre i dag.
Jeg tror vi skal klare det.	Han sa at han trodde de skulle klare det.
Jeg kan ikke love noe.	Han sa at han ikke kunne love noe.
Har du telefon?	Han spurte om du hadde telefon.
Jeg er å treffe på 46 00 80.	Han sa at han var å treffe på 46 00 80.
Er bilen ferdig ved 3-tiden?	Han spurte om bilen var ferdig ved tre-tiden.

Leksjon 23

1.

Jeg vil gå på 7-forestillingen.	Hvilken forestilling vil du gå på?
Filmen "Neste offer" går på Saga.	Hvilken film går på Saga?
Vi går søndag kveld.	Hvilken kveld skal vi gå?
"Fruen fra havet" går på Nationaltheatret.	Hvilket stykke går på Nationaltheatret?

58

Jeg liker best kriminalfilmer.	Hvilke filmer liker du best?
Filmen vises mandag, tirsdag og torsdag.	Hvilke dager vises filmen?

2.

Hvor kan jeg kjøpe brød?	Hos bakeren.
Hvor kan jeg kjøpe medisin?	På apoteket.
Hvor kan vi studere norsk?	På Universitetet.
Hvor går den filmen?	På kino.
Hvor kan jeg kjøpe frukt og grønnsaker?	På torget.
Hvor kan jeg kjøpe melk og mel?	I butikken.
Hvor kan jeg veksle penger?	I banken.
Hvor kan jeg bli undersøkt når jeg er syk?	Hos legen.
Hvor kan jeg stelle tennene mine?	Hos tannlegen.
Hvor kan jeg få arbeidstillatelse?	Hos politiet.

3.

Liker du katter eller hunder?	Jeg liker begge deler.
Bruker du rød eller grønn paprika?	Jeg bruker begge deler.
Vil du ha den røde eller den grønne paprikaen?	Jeg vil ha begge to.
Var du på den første eller den andre forestillingen?	Jeg var pa begge.
Liker du film eller teater?	Jeg liker begge deler.
Snakker dere norsk eller engelsk hjemme?	Vi snakker begge deler.
Går du eller sykler du til jobben?	Jeg gjør begge deler.
Liker du brun- eller gulost?	Jeg liker begge deler.
Hvem av dem snakker fransk?	Begge to.
Tok han med seg det eldste eller yngste barnet?	Han tok med seg begge to.
Er det en skole for gutter eller jenter?	For begge deler.

4.

Hva er "Saga"?	Det er en kino.
Hva betyr: Kl. 17, 19, 21?	Det betyr at det er tre forestillinger: klokka 17, 19 og 21.
Hva betyr: V.?	Det betyr: voksen.
Hva betyr: "Neste offer"?	Filmen heter "Neste offer".
Hvorfor står det to navn der?	Det er navnene på dem som spiller hovedrollen.
Hva betyr det telefonnummeret?	Det betyr at du kan ringe det nummeret etter kl. 16 for å bestille billetter.

59

III. Answer Key to Exercises in Text

The following answer key is intended as a guide. The answers given are not always the only correct answers.

LEKSJON 1 p. 15
1. FILL IN
Det er Per.
Det er Anne.
Det er Anne og Sham.

2. MAKE QUESTIONS
Hvordan har du det?
Hvor kommer du fra?
Hvem er det?
Hvor kommer Anne fra?
Hvor kommer du fra?
Hvem er det?

3. FILL IN
God dag! Hvordan har du det?
Hvor kommer du fra?
Hvem kommer fra India? Hvem er det? Det er Per og Collette. Hvem er det? Det er Anne.

LEKSJON 2 p. 21
1. WRITE THE ANSWERS
"Hei" betyr "God dag".
Jeg kommer fra Amerika.
Ja, litt.
Bra!
Jeg leser norsk.
Ja, norsk er vanskelig./ Ja, litt.
Tusen takk!

2. ASK
Hvor kommer du fra?
Leser du norsk?
Snakker du norsk?
Er norsk vanskelig?/Snakker du norsk?
Er norsk vanskelig?
Hva gjør du?
Hvem er det?

3. READING/DICTATION

4. WRITE THE ANSWERS
1. Ja, han snakker litt.
2. Ja, jeg leser litt.
3. Ja, norsk er litt vanskelig.
4. Ja, hun snakker litt norsk.

60

LEKSJON 3 p. 27-28
1. MAKE QUESTIONS
   Liker du kaffe?/Er du sulten?
   Vil du ha en kopp te?
   Liker du te?
   Vil du ha en kopp kaffe?
   Vil du ha et stykke brød?
   Hva vil du ha å spise?

2. FILL IN
   dessverre
   ikke/godt
   litt/ikke/bare
   drikke/ha
   bare/ikke
   ikke/bare
   vil......sulten

3. PUT IN THE CORRECT FORM OF "KJØPE"
   1. (må) kjøpe
   2. (skal) kjøpe
   3. kjøper
   4. (må) kjøpe
   5. (kan) kjøpe
   6. (må) kjøpe......(kan) kjøpe

4. FILL IN
   Sham skal kjøpe mat.
   Anne må gå.
   Han vil ha en kopp.
   Jeg kan også snakke litt engelsk.

5. ANSWER
   Nei, jeg liker dessverre ikke kaffe.
   Nei, jeg har dessverre ikke mat.
   Nei, jeg snakker dessverre ikke norsk.
   Nei, jeg kan dessverre ikke komme.

LEKSJON 4 p. 33
1. HOW IS THE LETTER <O> PRONOUNCED?
   god = /o:/
   hvordan = /o/
   hvor = /o/
   kommer = /å/
   norsk = /å/
   og = /å:/
   kopp = /å/
   godt = /å/
   ost = /o/
   om = /å/
   forteller = /å/
   nord = /o:/
   to = /o:/
   bror = /o:/

2. FILL IN
   <u>Hva</u> gjør de?
   <u>Hvem</u> sitter og snakker?
   <u>Hva</u> forteller han om?
   <u>Hvem</u> forteller om India?
   <u>Hvor</u> kommer han fra?
   <u>Hvordan</u> har de det?

3. ANSWER WITH "BRA"/"HYGGELIG"
   1. Bra. Det går bra.
   2. Bra. Jeg har det bra.
   3. Bra. Det står bra til.
   4. Bra. Hun snakker bra norsk.
   5. Bra. Jeg liker henne bra.
   6. Hyggelig. Hun er hyggelig.

3. (p. 34) WRITE THE ANSWERS
   1. Nei, han har mange bilder.
   2. Nei, han har to brødre.
   3. Nei, han har mange venner i Nord-India.
   4. Nei, hun vil også ha ost og kjeks.
      Nei, hun vil ha mange kopper te.

4. MAKE SENTENCES: (These are <u>examples</u> only.)
   Jeg liker godt te.
   Hun liker ikke kaffe.
   Jeg vil gjerne ha ost og kjeks.

5. FILL IN
   Jeg kan lese og <u>skrive</u>
   Anne vil <u>gjerne</u> høre om India.
   Sham har to <u>søstre</u>.
   De <u>spiser</u> kjeks og ost.
   Han har mange <u>venner</u>.

6. MAKE QUESTIONS
   1. Liker du te?
   2. Vil du ha noe å drikke?
   3. Vil du ha kaffe eller te?
   4. Liker du kaffe?
   5. Vil du ha noe å drikke?
   6. Vil du ha kaffe eller te?

7. READING/DICTATION

8. ANSWER
   Nå <u>leser jeg norsk</u>.
   Ja, nå <u>må jeg gå</u>.
   Ja, der <u>kan vi kjøpe mat</u>.
   I India <u>har han mange venner</u>.

62

LEKSJON 5, p. 41
1. HOW MANY NORWEGIAN WORDS CAN YOU FIND HERE?
(Many of these words have not appeared yet.)
vanskelig, en, og, dag, ikke, snø, du, skal,
sko, inn, hver, dag, øre, is, smal, kjør, kalte,
te, jeg, venner, øst, to, tog, så, på, et,
eller, veldig, kjøpe, nok, her, vil, av, en,
nok, litt, mange, de, lese, rå, gjerne, er,
regner.

2. MAKE QUESTIONS WITH HVILKEN/HVILKET/HVILKE

   Hvilken dag er det i dag?
   Hvilken trikk skal du ta?
   Hvilken bil liker du?
   Hvilket land kommer du fra?
   Hvilken by kommer du fra?
   Hvilke dager har du norsk?

3. MAKE EXAMPLES:
   Hvordan er maten?
   Skal du på kontoret?   Ja, hvordan det?

4. ANSWER
   Fordi jeg liker norsk.
   Fordi jeg skal på kontoret.
   Fordi det er lørdag.
   Fordi det er kaldt ute i dag.

5. PUT IN THE CORRECT FORM OF THE VERBS
   Det er søndag i dag, og jeg vil kjøre en tur
   til Drammen. Jeg kan høre på radioen i bilen.
   Jeg vil ikke arbeide i dag. I Drammen kan jeg
   spise på en restaurant.
      Hva skal du gjøre i dag?
   Jeg gjør ikke noe søndag.

6. MAKE A STORY! USE THE FOLLOWING WORDS:

LEKSJON 6 p. 45
2. Use "Ja" to answer yes to a positive question.
   Use "Jo" to answer yes to a negative question.

3. Imperative: Spis maten!
                  Fortell om Norge!

p. 49
1. WRITE THE ANSWERS
   Jo, det er nydelig vær.
   Jo, jeg har tid.
   Ja, jeg snakker engelsk.
   Jo, jeg forstår.
   Ja, jeg skal til byen.

2. MAKE QUESTIONS AND ANSWERS:
   Har du tid til å ta noe å drikke?
   Ja, jeg har god tid.

   Har du tid til å ta en kopp kaffe?
   Ja, jeg har god tid.

   Har du tid til å ta et glass øl?
   Nei, ikke nå.

   Har du tid til å ta en kopp te?
   Ja, jeg har god tid.

   Har du du tid til å ta en cola?
   Nei, dessverre, ikke i dag.

3. MAKE QUESTIONS
   Unnskyld, er det ledig her?
   Har du tid til å ta en kopp kaffe?
   Er det nydelig vær i dag?
   Hvordan er været?
   Er det ikke nydelig vær?
   Er alle bordene opptatt?

4. WHAT ARE THESE NOUNS IN THE DEFINITE PLURAL?
   bilene
   vennene
   brødene
   stedene
   brødrene
   søstrene

5. FILL IN! USE: DESSVERRE/VISST/IKKE
   Ja, alle butikkene er visst stengt.
   Nei, alle butikkene er ikke stengt.
   Ja, alle bordene er dessverre opptatt.
   Nei, alle bordene er ikke opptatt.
   Ja, han er visst norsk.
   Nei, han er ikke norsk.

6. WHAT DOES "VISST" MEAN IN "ALLE BORDENE ER
   VISST OPPTATT"?
   Apparently, I guess.
   CAN YOU MAKE MORE EXAMPLES?
   Han kommer visst fra Amerika.
   Det er visst opptatt her.

LEKSJON 7 p. 52-53
3. Rule: Use "den" when referring to an en-noun
        that is not named in the same sentence.
   Ex: Er butikken stengt? Ja, den er stengt.
   Rule: Use "det" when referring to an et-noun
        that is not named in the same sentence.
   Ex: Hva koster brødet? Det koster kr.7,75.

64

Rule: Use "de" when referring to something
       plural not named in the same sentence.
Ex: Hvor er bildene? De er på bordet.

5. Rule: Use "mange" when you can count the
   objects: pictures, carrots, chairs, etc.
   Use "mye" when you cannot count individual
   elements: food, coffee, wine, etc.

p. 57
1. MAKE A STORY USING THE WORDS IN THE FLOWER

2. MAKE QUESTIONS
   Hvor mye blir det?/Hva koster det?
   Hvor mange vil De ha?
   Vil De ha en kilo poteter?
   Har du gulrøtter?
   Har du purre?
   Hvor mye vil De ha?

3. PUT IN THE RIGHT FORM AV "FIN" AND "RØD"
   Kjøpmannen har fine poteter, og Sham
   vil gjerne ha en fin agurk også.
   Potetene er fine. Agurken er også fin.

   Paprikaen er rød, tomatene er også røde.
   Jeg liker røde tomater. Liker du rød
   paprika?

4. FILL IN
   Ja, de tar trikken til byen.
   Nei, vi er ikke fra Norge.
   Nei, jeg er ikke fra Norge.
   Ja, han er norsk.
   Ja, de er fine.
   Ja, den er grønn.

5. FILL IN
   Den koster 15,- pr. kilo.
   Den koster 4,- pr. kilo.
   De koster 8,20 pr. kilo.
   Det koster 4,50 pr. stk.
   De koster 3,75 pr. kilo.

6. TELL ABOUT A DAY IN THE STORE.

LEKSJON 8 p. 63
1. MAKE EXAMPLES:
   a) Derfor: 1) Jeg vil spare penger.
      Derfor går jeg på loppemarked.
      2) Jeg er sulten. Derfor vil
      jeg ha kjeks.
   b) Fordi: 1) Jeg går på loppemarked fordi
      jeg vil spare penger.

65

2) Jeg vil ha kjeks fordi jeg er sulten.

2. HVA BETYR:
   a) om vinteren = in the winter
      Det er kaldt i Minnesota om vinteren.
   b) om dagen = during the day
      Jeg er på kontoret om dagen.

3. FILL IN
   Ja, men disse er bedre.
   Ja, men dette er eldre.
   Ja, men denne er billigere.
   Ja, men disse er finere.
   Ja, men denne er bedre.
   Ja, men dette er mindre.

4. FILL IN
   Det er kaldere i Norge enn i Italia.
   Hvor er det kaldest, i Europa eller i Asia?
   Det er kaldt her om vinteren.
   Han bor i et kaldt hus.
   Bussen er ofte kald om morgenen.
   Hvordan er maten i Norge? Den er god,
   men den er bedre i Spania enn i Norge.
   Men brødet er veldig godt i Norge.
   Vi har ikke så godt brød i Spania.
   Og hvordan er vinen i Norge? Den er god,
   men den er bedre i Frankrike.
   Er veiene gode i Norge? Bare på Østlandet,
   men de er bedre i Tyskland.

5. FILL IN WITH "SOM/HVEM/AT":
   Ser du ham som kommer der?
   Boka, som jeg vil gi deg, er veldig god.
   Han sier at han må gå nå.
   Hun bor i et hus som er veldig gammelt.
   Hvem er det? Det er Peter.
   Han spør hvem det er, og hun sier at det
      er Peter.
   Han forteller at det er varmt der.
   Han, som forteller det, kommer fra India.

6. MAKE QUESTIONS TO THE FOLLOWING ANSWERS:
   1. Hva er et loppemarked?
   2. Hvilke gamle ting?
   3. Kan man kjøpe og selge nye ting?
   4. Hvorfor går folk på loppemarked?
   5. Hvilke møbler liker Anne best?
   6. Hva gjør hun med møblene?

p. 67.
   a) Words used to talk about the body:
      hånden, øynene, hjertet, munnen, ansikter
      leppene, håret, hendene.

66

b) Words we use to talk about the bed:
lakener, dynetrekk, putevar.
c) House/furniture/etc.: duker, klessnorer, bad
kjøleskap, rommet, lyset, speilet, farger,
baderom, gardiner, stuevindu, vaskeservanter.

p. 68 PREPOSITION EXERCISE

Det er mange studenter _på_ Blindern som kommer
fra utlandet. Nå bor de _i_ Norge, langt borte
fra hjemlandet sitt. _I_ klassen forteller de _om_
hjemlandet sitt, for det er interessant å høre
_om_ fremmede land. Mange _av_ studentene drar _til_
byen _for_ å ta bilder. Det blir sikkert morsomt
for disse studentene å vise fram bildene _fra_
Norge og å fortelle _om_ Norge til alle vennene _i_
hjemlandet. Det er mye _i_ Norge som er
forskjellig _fra_ andre land. Når vi hilser _på_
hverandre, sier vi ofte: Hvordan står det _til_?
Men vi har ikke så god tid _til_ å snakke _med_
hverandre. Alle har så mye å gjøre. Mange synes
at prisene _i_ Norge er så høye, at alt er så dyrt
her. Når de reiser _til_ byen _for_ å gå _i_
forretningene, kjøper de kanskje ikke så mye.
Maten er også forskjellig. _Til_ frokost drikker
vi helst kaffe. I går så jeg en norsk student _i_
kafeteriaen. Han drakk først tre kopper kaffe,
og så ville han ha enda en _til_. Og det er veldig
kaldt her, spesielt _om_ vinteren. _I_ sommer har
det vært mye regn her, men det kan også være
varmt, nesten som _i_ Afrika. Lykke _til_! Håper
prøven ikke var for vanskelig _for_ deg.

p. 70
3. Rule: Except for one-syllable et-nouns, add -er
to form the indefinite plural of nouns. One-
syllable et-nouns have NO indef. plural ending.

LEKSJON 9 p. 73
1. FILL IN
Det var et brev _til_ meg. Det kom _fra_ mor.
Hun fortalte _om_ Ali. Han er en gutt _på_
12 år. _For_ to år siden var han syk. Nå går
han _på_ skolen.

2. ANSWER
. . . var han i Afrika.
. . . var han syk.
. . . gikk han på skolen.
. . . var det varmt.

3. FILL IN
Når kom han? For to år siden.
Hvem kom? Sharma.
Hvordan har hun det? Bra.

67

Hvor mye blir det? Til sammen kr 10.-
Hvem fortalte hun om? Ali.
Hvor går han? På skolen.
Hvilken dag er det? Torsdag.
Hvem var brevet til? Til meg.
Hva vil hun? Spise litt.

4. FILL IN
I dag er det søndag.
I går var tomatene fine.
For to år siden var han veldig syk.
I dag kom det et brev til meg.
Nå er han frisk og kjekk.
I dag er det kaldt ute.

5. WRITE A LETTER:

6. FILL IN

SINGULAR		PLURAL	
INDEFINITE	DEFINITE	INDEFINITE	DEFINITE
en venn	vennen	venner	vennene
en potet	poteten	poteter	potetene
en bil	bilen	biler	bilene
en agurk	agurken	agurker	agurkene
et brød	brødet	brød	brødene
et bilde	bildet	bilder	bildene
et stykke	stykket	stykker	stykkene
en bror	broren	brødre	brødrene

LEKSJON 10 p. 80
3. Rule: When responding to a question containing
   er, har or a modal helping verb, use the same
   verb: Er du norsk? Ja, det er jeg.
   To answer a question using other verbs, use gjør
   to reply: Snakker du norsk? Ja, det gjør jeg.

LEKSJON 10 p. 83
1. FILL IN
   Søsteren min bor i India. Hvor bor søsteren din?
   Kona mi bor i India. Hvor bor kona di?
   Onkelen min bor i England. Hvor bor onkelen din?
   Tanten min bor i Norge. Hvor bor tanten din?
   Faren min bor i Norge. Hvor bor faren din?
   Foreldrene mine bor hjemme. Hvor bor foreldrene dine?

2. ANSWER
   Det er broren min.
   Det er tanten min.
   Det er foreldrene mine.
   Det er søstrene mine.

3. MAKE QUESTIONS
   Snakker han norsk?
   Kan han lese?

68

Vil du ha en kopp te?
Har du mat?
Er han norsk?
Liker du antikke møbler?

4. MY FAMILY. TELL!

5. DICTATION/READING

6. MAKE QUESTIONS
   Hvor gamle er de?
   Hvor bor hun?
   Hvorfor var han ikke på skolen i går?
   Hvor mye koster det?
   Hvor mange stykker var det?

LEKSJON 11 p. 87
1. Intonation: In a question that starts with
   a question word (what, why, where), the
   intonation is level or falling.
2. In a question that begins with the verb (no
   question word) the intonation rises at the
   end of the question.

p. 89
1. HVOR MANGE ER KLOKKA?
   Den er fem over to.
   Den er ett.
   Den er kvart over fem.
   Den er kvart på sju.
   Den er ti over halv åtte.
   Den er fem på elleve.
   Den er fem på halv tolv.
   Den er ti over åtte.

2. ANSWER
   Nei, men han skal snart flytte.
   Nei, men jeg skal snart besøke ham.
   Nei, men jeg skal snart fortelle det.
   Nei, men jeg skal snart kjøpe den.

3. ANSWER
   Jeg har også vært syk.
   Jeg har også hatt feber.
   Jeg har også snakket med Anne.
   Jeg har også tatt en kopp te.
   Jeg har også kjøpt mat.
   Jeg har også spist middag.

4. ANSWER
   Jo, det er jeg.
   Jo, det gjør jeg.
   Ja, det har jeg.
   Jo, det gjør jeg.

Jo, det vil jeg.
Ja, det må du.

5. WHAT ARE THE PARTS OF THE BODY CALLED?

forehead = en panne   stomach = en mage
eye = et øye (2 øyne) arm = en arm
nose = en nese   hand = en hånd (2 hender)
ear = et øre   leg = et bein
mouth = en munn   foot = en fot (2 føtter)
throat = en hals

LEKSJON 12 p. 97
1. FILL IN
  1. Hva er Deres navn? Anne Nilsen.
  2. Når er De født? 21.6.1940.
  3. Hvilken trygdekasse står De i?
  4. Hvilket yrke har De? Professor?
  5. Hvor arbeider De? På Universitetet.

2. FILL IN, USE THE POLITE FORM OF ADDRESS
  Kan jeg hjelpe Dem?
  Vil De komme hit?
  Kan De svare på et spørsmål?
  Hvor er bilen Deres?
  Hvor er huset Deres?
  Er det huset Deres?
  Er De norsk?
  Snakker De norsk?
  Det er et brev til Dem her.

3. ANSWER
  C: Du skal komme hit.
  C: Du skal spise maten.
  C: Du skal snakke norsk.
  C: Du skal kjøpe medisinene på apoteket.
  C: Du skal holde senga til du er frisk.
  C: Du skal komme tilbake om to uker.

4. ANSWER
  Nei, men i går hadde jeg smerter.
  Nei, men i går hadde jeg feber.
  Nei, men i går kom hun.
  Nei, men i går tok han bussen.

5. DICTATION/READING

6. WHEN I WAS SICK. TELL!

LEKSJON 13 p. 106
1. Rule: Use "noen" with plurals.
       Use "noe" with mass nouns (uncountable)

70

1. Make questions
   1. Hvordan står det til?
   2. Var det hyggelig?
   3. Står det bra til?
   4. Kan jeg få snakke med Anne?
   5. Kan du komme til oss i kveld?
   6. Kan du komme ved åtte-tiden?
   7. Hvordan er Anne?

2. Make questions.
   1. Vi lurte på om du ville spise hos oss.
   2. Jeg lurte på om du var syk.
   3. Vi lurte på om du ville besøke oss.
   4. Jeg lurte på om du var hjemme.
   5. Jeg lurte på om du skulle til byen i dag.
   6. Jeg lurte på om du ville snakke med Anne.
   7. Jeg lurte på om du likte maten.

3. Answer.
   Ved sju-tiden, tenkte jeg.
   Ved seks-tiden, tenkte jeg.
   Ved fem-tiden, tenkte jeg.
   Ved fire-tiden, tenkte jeg.

4. Put in "noe/noen":
   Vi har noen venner i Afrika. Jeg skal kjøpe
   noen gulrøtter på torget. Har du noe kaffe
   hjemme? Fortalte hun noe om India? Har du
   noen barn? Er det noe post? Her er noen
   penger til deg. Vil du ha noe å spise? Var
   det så noe annet?

5. Answer this telephone conversation:
   Ring...ring....ring
   Du: Petersen, vær så god!
   X: Hei, det er X.
   Du: Hei, takk for sist!
   X: Hvordan står det til?
   Du: Takk, bare bra!
   X: Det er så lenge siden sist.
   Du: Ja, det er det.
   X: Vil du komme til oss en tur i kveld?
   Du: Ja, takk, gjerne.
   X: Vi har bedt noen utenlandske venner.
   Du: Å så hyggelig. Når skal jeg komme?
   X: Ved sju-tiden, tenkte vi.
   Du: Det passer fint. Jeg gleder meg.
   X: Velkommen i kveld!
   Du: Tusen takk!
   X: Ha det bra!
   Du: Morn da!

VERB (verbs in lessons 1-13)

INFINITIV	PRESENS	PRETERITUM	PERFEKTUM
å være	er	var	har vært
å ha	har	hadde	har hatt
å komme	kommer	kom	har kommet
å gå	går	gikk	har gått
å gjøre	gjør	gjorde	har gjort
å lese	leser	leste	har lest
å snakke	snakker	snakket	har snakket
å stå	står	stod	har stått
å ville	vil	ville	har villet
å like	liker	likte	har likt
å måtte	må	måtte	har måttet
å skulle	skal	skulle	har skullet
å kjøpe	kjøper	kjøpte	har kjøpt
å spise	spiser	spiste	har spist
å drikke	drikker	drakk	har drukket
å høre	hører	hørte	har hørt
å fortelle	forteller	fortalte	har fortalt
å bo	bor	bodde	har bodd
å tegne	tegner	tegnet	har tegnet
å arbeide	arbeider	arbeidet	har arbeidet
å kjøre	kjører	kjørte	har kjørt
å ta	tar	tok	har tatt
å snø	snør	snødde	har snødd
å få	får	fikk	har fått
å koste	koster	kostet	har kostet
å kunne	kan	kunne	har kunnet
å bli	blir	ble	har blitt
å besøke	besøker	besøkte	har besøkt
å si	sier	sa	har sagt
å holde	holder	holdt	har holdt
å vite	vet	visste	har visst
å danse	danser	danset	har danset
å vise	viser	viste	har vist
å le	ler	lo	har ledd
å vinke	vinker	vinket	har vinket
å bake	baker	bakte	har bakt
å la	lar	lot	har latt
å smake	smaker	smakte	har smakt
å skrike	skriker	skrek	har skreket
å se	ser	så	har sett
å brenne	brenner	brant	har brent
å slokke	slokker	slokket	har slokket
å binde	binder	bandt	har bundet
å synes	synes	syntes	har synes
å lure på	lurer på	lurte på	har lurt på
å be	ber	bad	har bedt
å tenke	tenker	tenkte	har tenkt
å passe	passer	passet	har passet
å glede meg	gleder meg	gledet meg	har gledet meg

LEKSJON 14 p. 116
1. When an adjective is used before a definite
   noun, double definite areticles must be used.

2. Rule: Use "synes" to express an opinion, how
   something seems, or looks to the speaker.
   "Synes" implies personal experience.
   Use "tro" to express a belief, something
   is believed to be true, though not certain.

p. 119
1. Make questions:
   Har du hilst på mannen min?
   Har du hilst på søsteren min?
   Har du hilst på broren min?
   Har du hilst på vennene mine?
   Har du hilst på moren min?
   Har du hilst på faren min?

2. Use the following words in sentences:
   Jeg gleder meg til festen!
   Han liker ikke norsk mat.
   Hun liker seg i den nye jobben.
   Jeg er glad for at du kunne komme i kveld.

3. Make questions:
   Hvordan liker Sharma seg der?
   Hvordan liker hun seg der?
   Hvordan liker de seg i Bergen?
   Hvordan liker hun seg der?
   Hvordan liker dere dere i England?

4. Fill out with tro/synes:
   Hvordan er suppa? Jeg synes den er god. Smak!
   Kjenner du Knut? Ja, jeg synes han er veldig
   hyggelig. Tror du han kommer? Nei, jeg tror
   ikke at han kommer.
   Jeg synes det er kaldt i Norge, synes du?
   Hvordan tror du det er i Italia nå?
   Hvordan syntes du filmen var? Den var god,
   syntes jeg.

5. Make sentences with:
   Jeg skal hilse dere fra min mor.
   Jeg har ikke hilst på deg før.

6. You meet a good friend downtown. Tell!

LEKSJON 15 p. 122.
3. Rule: The passive voice in the present tense
   is formed by adding -s to the infinitive.

p. 125
1. Make questions:

Hvordan liker du maten?
Skal det være litt mer mat?
Vil du ha et gammelt hus?
Vil du ha en kopp kaffe?
Hvordan liker du vinen?
Er det en ny bil?

2. Write the answers: (Use antonyms)
Nei, den var god/fin.
Nei, den var varm.
Nei, det var stort.
Nei, den var billig.
Nei, den er ny.
Nei, de er unge.

3. Answer the questions! Use the passive form.
Det brunes i olje.
Krydderet tilsettes etter smak.
Det kokes til det er mørt.
Den serveres sammen med vin eller øl.
Den skal serveres temperert.

4. Answer the questions! (Use passive with bli):
Anne ble invitert av Per.
Det ble snakket norsk.
Vinen ble servert temperert.
Kjøttet ble kokt.
Kjøttet og grønnsakene ble lagt i en jerngryte.

5. Write approximately 50 words about:
either: A visit last week.
or: My favorite food.

LEKSJON 16 p. 133.
1. Replace the names with pronouns.
Han liker huset hans.
Han liker hunden hennes.
Hun liker kjolen hennes.
Hun liker dressen hans.
Hun er i leiligheten hans.

2. Fill in with possessive pronouns:
Hansen og kona hans ville ta en tur til byen.
De ville ikke bruke bilen sin. Bilen deres
var ikke så god lenger. Fru Hansen tok på seg
kåpen sin. Hun la trikkekortet sitt i
vesken sin. Vesken hennes var helt ny.
Hun hadde fått den av mannen sin til jul.

3. Complete the sentence:
. . . vil jeg bli med deg.
. . . kan du hilse henne fra meg.
. . . kan du komme til meg i kveld.
. . . kan vi ta en kopp kaffe sammen.
74

. . . kan jeg hjelpe deg.
. . . kan jeg si det en gang til.
. . . må du gjøre leksene dine!

4. Make questions:
Hvor bor Marie?
Kan hun lage mat på rommet sitt?
Hvor mye betaler hun i leie?
Er det dyrt?
Hvorfor vil hun få et større sted å bo?
Er ikke vertsfolket hennes hyggelige?

5. Answer
Ja, jeg tok dem i går.
Ja, jeg fikk det i går.
Jo, han ringte i går.
Ja, jeg hilste på dem i går.
Ja, jeg leste det i går.
Ja, jeg hørte den i går.

5. Tell about where and how you live.

PREPOSITION EXERCISE p. 135

I går kom det et brev til meg fra Tor. Han
fortalte om sin venninne på tjue år som hadde
vært hos legen for to dager siden. (Venninnen
hans er i Bergen sammen med foreldrene sine, og
hun går på skolen der også.)
Hun gikk til legen fordi hun hadde vondt i hele
kroppen. Hun hadde time ____ kvart over tre.
Hun snakket med legen, og han spurte hva som var
i veien med henne. Hun fortalte at hun hadde
vært syk i en uke. (Hun står i Bergen
trygdekasse.) Legen sa at hun måtte ta av seg.
Han undersøkte henne. Så sa han at hun måtte ha
på seg varme klær. Han skrev en resept og sa at
hun ville få noen medisiner på apoteket. Til
slutt bad han henne komme tilbake om fem dager.
"Takk for det", sa hun til ham.
I dag er det fint vær. Jeg liker ikke å kjøre
bil om sommeren når jeg skal på jobben. Derfor
tar jeg trikken til sentrum klokka ti på åtte.
Trikkekortet mitt ligger på bordet på kjøkkenet.
Det må jeg huske å ta med meg.
I morges traff jeg Tors bror, Arne, på gaten.
"Takk for sist!" sa han, og jeg sa "Takk, i like
måte!" Arne fortalte at det stod bra til med
ham. Jeg lurte på om kona hans var hjemme, og
han svarte ja. Arne spurte om jeg kunne komme
til dem i kveld. Jeg sa at jeg gjerne ville
komme, og han sa jeg skulle komme ved sju-tida.
Da jeg kom dit, hilste jeg på kona hans, Liv.
Hun sa at hun skulle hilse meg fra Berit. Berit

75

liker seg godt i den nye jobben sin. Hun kunne
ikke komme dit i kveld, fordi hun var på kino.
Da maten var ferdig og vi skulle spise, sa kona
til Arne "Velkommen til bords!" Hun hadde
funnet oppskriften til maten i et gammelt
ukeblad. Klokka ni kom Grete inn. Hun leier et
rom i huset til Arne og Liv. De er veldig
hyggelige mot henne, men dessverre kan hun ikke
lage mat på rommet sitt. Hun betaler kr 300,- i
måneden i leie, men rommet er stort og med bad.

LEKSJON 17 p. 138
2. Subordinate clause rule: Do not use "om" after
"spør" when" spør" is followed by a question word
(what, why, etc.) Example: Han spør hva du heter.
Rule: Use "om" after "spør" when there is no
question word. Example: Han spør om du vil spise nå.

p. 141
1. Fill out: (Do not use the book!)
Jeg bor på hybel, jeg bor ikke i en
leilighet. Jeg er interessert i å få en
leilighet. Jeg vil svare på en annonse i
avisen. Jeg har en sønn på to måneder. Om
to måneder kommer han fra India. Jeg kom til
Norge for to måneder siden. Jeg har klart
meg på hybel i to måneder.

2. Put in the correct form of "liten":
Det var en gang en liten gutt. Han bodde i
et lite hus i en liten by. Han hadde to små
søstre. De gikk en dag til et lite vann. De
så mange små fisker. De hadde en liten katt
hjemme, og nå ville de gjerne fiske noen små
fisker til den lille katten.

3. Make questions:
Hvor lenge har du vært i Norge?
Når kommer sønnen din til Norge?
Når begynte du å lære norsk?
Hvor lenge har du vært i Bergen?
Når var du hos legen?
Når må du gå tilbake til legen?

4. Answer a newspaper ad.

LEKSJON 18 p. 149
1. Make questions:
Tror du bussen er forsinket?
Tror du han kommer for sent?
Tror du været blir dårlig?
Tror du de fryser?
Tror du han er syk?
Tror du vi må vente lenge?

2. Fill in.
   Ja, jeg tror han kom hjem.
   Ja, jeg tror hun gikk opp.
   Ja, jeg tror de gikk ut.
   Ja, jeg tror han gikk dit.
   Ja, jeg tror de er der.

3. Insert "ikke" in the following sentences:
   Han kommer ikke i morgen.
   . . . at han ikke kommer i morgen.
   Kommer han ikke i morgen?
   Kommer ikke Per i morgen?
   Kommer ikke gutten i morgen?
   Jeg liker ikke poteter.
   . . . at han ikke liker poteter.

4. Answer:
   Jeg håper været ikke blir dårlig.
   Jeg håper trikken ikke er forsinket.
   Jeg håper butikken ikke er stengt.
   Jeg håper bussen ikke har kjørt.
   Jeg håper vi ikke har for lite penger.

5. Make questions:
   Hvor langt er det dit?
   Hvor mye blir det?
   Hvor mange epler vil du ha?
   Hvor mange (Hvor mye/Hva) er klokka?
   Når kom han til Norge?
   Hvem spiser han med?
   Hva sa du?
   Hvem så du?

6. When I missed the bus. Tell!

PRONOUNS p. 151
1. Fill out
      SUBJECT PRONOUNS
      1. Jeg snakker norsk.
      2. Du snakker norsk.
         De snakker norsk. (polite form)
      3. Han snakker norsk.
         Hun snakker norsk.

      1. Vi snakker norsk.
      2. Dere snakker norsk.
      3. De snakker norsk.

OBJECT PRONOUNS
1. Han liker meg.
2. Han liker deg.
   Han liker Dem. (polite form.)
3. Han liker ham.
   Han liker henne.

1. Han liker oss.
2. Han liker dere.
3. Han liker dem.

REFLEXIVE PRONOUNS
1. Jeg liker meg i Norge.
2. Du liker deg i Norge.
   De liker Dem i Norge. (polite form)
3. Han liker seg i Norge.
   Hun liker seg i Norge.

1. Vi liker oss i Norge.
2. Dere liker dere i Norge.
3. De liker seg i Norge.

2. Fill out:
boka mi/di/hans/hennes/vår/deres/deres.
huset mitt/ditt/hans/hennes/vårt/deres/deres.
bilene mine/dine/hans/hennes/våre/deres/deres.

3. Fill out:
Her bor Per. Per eier dette huset. Han bor
i huset sitt. Per har to hunder og en katt.
Han bor sammen med hundene sine og katten
sin. Jeg liker ikke huset hans, men jeg
synes at hundene hans er veldig søte.

Dette er huset til Anne og John. De bor i
huset sitt. De har to barn og en hest. De
er sammen med barna sine og hesten sin. Jeg
liker hesten deres veldig godt. Ofte passer
jeg barna deres også. Anne og John og barna
deres er ofte på tur sammen.

LEKSJON 19 p. 155
1. Where is Peter going?
Peter går rett fram tre kvartaler. Deretter
tar han til høyre. Han følger den veien et
stykke, og så tar han første vei til høyre.
Så kommer han til postkontoret.

2. How do you get to your house?

3. Change to indirect speech.
Han spurte hva du het.
Han spurte hvor du bodde.
Han spurte om du likte deg der.

78

Han spurte om du kjente Nils.
Han spurte om du ville bli med oss.
Han spurte om vi skulle ta en kopp te.
Han spurte om vi skulle gå på kino.
Han spurte hvilken film du ville se.
Han spurte hva du ville ha.
Han spurte om du snakket norsk.
Han spurte om du ikke ville ha kaffe.

4. Retell lekjson 19 in indirect speech:
   Marit sa til Jens at nå skulle de av. Hun
   spurte om han kunne trykke på knappen. De
   gikk av bussen, og da spurte Marit om Knut
   visste hvor Liaveien var. Knut sa at han
   ikke ante hvor den var. Han sa at de fikk
   spørre noen. Knut spurte en dame hvor
   Liaveien lå. Damen sa at Liaveien lå ikke
   langt derfra. Hun sa at de måtte gå rett
   fram et par hundre meter. Deretter måtte de
   ta første vei til høyre, så følge den et
   stykke til de kom til Liaveien. Knut takket
   for hjelpen.

LEKSJON 20 p. 161
1. Fill out:
   Om sommeren pleier jeg å svømme og bade.
   Til vinteren skal jeg reise sørover.
   I sommer har jeg gått fottur i fjellet.
   Jeg skal vente til jul.
   Jeg har hilst på dem mange ganger før,
        men ikke i vinter.
   Det er vanligvis dårlig vær her om vinteren.
   Jeg gleder meg til påskeferien.
   Jeg skal gå på ski i påsken.
   Jeg fikk mange julepresanger til jul.

2. Fill out:
   Jeg skal være her i to dager.
   Han har vært her i to dager.
   Han kommer om to dager.
   Jeg skal gå tur i fjellet.
   Jeg skal på fjellet i ferien.
   Jeg skal på ferie til Italia.
   Hvor skal du på ferie?
   Hvor skal du i ferien?

3. Make questions:
   1. Hvor skal du i ferien?
   2. Skal du ta toget?
   3. Hvordan skal du komme deg dit?
   4. Hva skal du ta med deg?
   5. Tar det lang tid å reise til Italia?
   6. Liker du å fly?
   7. Hvorfor vil du reise til Italia?

79

8. Har du noen venner der?
9. Hvor skal du bo?
10. Hvor lenge skal du bli der?
11. Gleder du deg til å reise?
12. Skal mannen din bli hjemme?
13. Har du vært i Italia før?
14. Er det dyrt i Italia?

4. Tell about an unforgettable vacation!

LEKSJON 21 p. 171
1. Write the sentences:
   Pål skrur den på.
   Anne tar den på seg.
   Per tar den av seg.
   Barna har spist den opp.
   Ole tar dem med seg.
   Anne kjører den fram.
   Lise har lest den ut.

2. Fill out:
   1. Hvem er størst? Tor.
   2. Er Tor større enn Line? Ja, det er han.
   3. Er Tor minst? Nei, det er han ikke.
   4. Er Line minst? Ja, det er hun.
   5. Er Line større enn Tor? Nei, det er
      hun ikke.
   6. Er Line mindre enn Tor? Ja, det er hun.
   7. Hvem er minst? Line er den minste.
   8. Er hun den yngste? Nei, den eldste.
   9. Er han den minste? Nei, den største.

3. Answer:
   Nei, ikke sett den på!
   Nei, ikke les det!
   Nei, ikke ring til rørleggeren!
   Nei, ikke gjør det!
   Nei, ikke spør henne!
   Nei, ikke kom nå!
   Nei, ikke legg deg!

4. Write the telephone conversation:
   Du: Hallo! Er det elektriker Olsen?
   Elektrikeren: Ja, vær så god!
   Du: Det er noe i veien med TV'en vår. Kan De
       komme og reparere den? Det er ikke noe bilde.
   E: Jeg kan komme om en uke. Passer det?
   Du: Kan De ikke komme i morgen? Det er et
       veldig godt program i morgen kveld.
   E: Nei, dessverre. Jeg kan ikke komme før
       neste uke.
   Du: Nei vel. Så får De komme neste uke.
   E: Hvor bor De?
   Du: Jeg bor i Holmenveien 31.

80

E: Og telefonnummeret?
Du: 22 34 17. Kan De ringe før De kommer?
E: Ja, det skal jeg gjøre.
Du: Så sees vi om en uke da. Morn da!
E: Morn da.

LEKSJON 22 p. 177
1. Use the words and expressions in sentences:
Jeg klarer å skifte oljen selv.
Det spørs om jeg får tid til det.
Vil du ha noe å spise, forresten?
I tilfelle måtte jeg få mer penger.
Det stemmer. Vi har en prøve i morgen.
Har du tid til å hjelpe meg?

2. Make questions:
1. Du reiser til Italia i morgen, ikke sant?
2. Kan vi bade i morgen?
3. Kan du hjelpe meg i morgen?
4. Kommer du tilbake i morgen tidlig?
5. Hva er telefonnummeret ditt?

3. Make a context for these expressions:
Jeg skulle ha vært der kl. 7,
   men jeg tror ikke det går.
Jeg skulle ha hilst på henne,
   men jeg vet ikke om jeg får tid til det.
Jeg skulle ha kommet før,
   men jeg vet ikke om jeg kan klare det.
Jeg skulle ha kjøpt nye klær,
   men jeg tror ikke jeg får noe penger til det.

4. Fill out:
Kan du reparere bilen min?
   Det spørs om jeg får tid.
Kan du lage middag i morgen?
   Det spørs om jeg er hjemme.
Skal du reise til Italia i år?
   Det spørs om jeg har råd.

5. What do these mean?
Det stemmer = det er sant
Du skjønner at = Du forstår at
Hva heter du? = Hva er navnet ditt?
ved tre-tiden = litt før eller litt
                          etter kl. 3.
Det er fint! = Det er bra!
Jeg er å treffe på 460080 = Du kan
   ringe til meg på telefonnummer 460080.

6. tro - synes - tenke - mene
Jeg tror jeg må kontrollere bremsene.
Hva synes du om bilen min?
Han syntes han skulle ha kontrollert

81

```
bremsene, ...
Jeg trodde bremsene var i orden, men
  bilmekanikeren mente noe annet.
Han syntes bilen var god å kjøre.
Jeg liker ikke å tenke på at bremsene
  ikke er i orden.
```

7. Fill in the blanks:
Per skulle reise på en lengre tur. Derfor
måtte han på verkstedet med bilen sin. Han
hadde bestilt time for smøring og oljeskift,
men han ville også gjerne få justert
bremsene. Det var ikke sikkert at de kunne
kontrollere bremsene den dagen fordi de hadde
så mye annet å gjøre, men de ville gjøre det
hvis de fikk tid. De spurte om Per hadde
telefon så de kunne ringe til ham hvis det
var noe ekstra. Det hadde han, og han gav
dem telefonnummeret sitt på kontoret.

8. Make a story based on these words:

LEKSJON 23 p. 181
1. Rule: "Begge to" is used about two concrete
things (of the same type) in the definite form
except for proper nouns. Ex: Vil du ha eplet
eller pæren? Begge to.
"Begge deler" is used about more general
concepts in the indefinite. Ex: Snakker du
norsk eller engelsk? Begge deler.
"Begge" can be used in front of a plural noun
It can also be used instead of "Begge to."
"Både" must always be followed by "og". It
can be used about more than two things.
Example: Jeg liker både epler, pærer og bananer.

LEKSJON 23 p. 183
1. Make questions:
Vil du bli med på kino i kveld?
Hvilken film vil du helst se?
Det går en Western på Colosseum.
Vil du se en norsk film?
Jeg har hørt at Blekksprut er en god film.
Vil du gå i teatret i kveld?
Liker du ikke å gå i teatret?
Vet du hva billettene koster?
Hvilken forestilling vil du gå på?

2. Make questions with "hvilke,hvilken,hvilket":
Hvilken forestilling vil du gå på?
Hvilken kino går "Neste offer" på?
Hvilken kveld går dere?
Hvilken trikk tar dere?
Hvilket stykke går på Nationaltheatret?

82

Hvilke filmer liker du best?
Hvilke dager vises filmen?

3. Answer with "både, begge (to), begge deler":
   1. Jeg liker begge deler.
   2. Jeg skal ta med begge to.
   3. Jeg vil ha begge to.
   4. Jeg liker begge (to).
   5. Jeg vil ha både øl og vin./begge deler.
   6. De trenger begge deler.
   7. Jeg tok begge to.
   8. Jeg trenger begge deler.
   9. Jeg vil ha begge (to).
   10. Jeg vil ha begge deler.
   11. Jeg bruker både spagetti og poteter./
       Jeg bruker begge deler.
   12. Begge to går til byen.
   13. Jeg bruker begge deler.

4. Tell about a movie or play.

VERB (verbs in lessos 13-23) p. 185

INFINITIV	PRESENS	PRETERITUM	PERFEKTUM
å spille	spiller	spilte	har spilt
å ta	tar	tok	har tatt
å hilse	hilser	hilste	har hilst
å treffe	treffer	traff	har truffet
z hete	heter	het	har hett
å kjenne	kjenner	kjente	har kjent
å vite	vet	visste	har visst
å tro	tror	trodde	har trodd
å bo	bor	bodde	har bodd
å forsyne	forsyner	forsynte	har forsynt
å dra	drar	drog	har dratt
å finne	finner	fant	har funnet
å ha	har	hadde	har hatt
å skjære	skjærer	skar	har skåret
å legge	legger	la	har lagt
å ligge	ligger	lå	har ligget
å vaske	vasker	vasket	har vasket
å dele	deler	delte	har delt
å koke	koker	kokte	har kokt
å servere	serverer	serverte	har servert
å glemme	glemmer	glemte	har glemt
å leie	leier	leide	har leid
å lage	lager	laget/lagde	har laget/lagd
å få	får	fikk	har fått
å betale	betaler	betalte	har betalt
å drikke	drikker	drakk	har drukket
å ønske seg	ønsker seg	ønsket seg	har ønsket seg
å svare	svarer	svarte	har svart
å prøve	prøver	prøvde	har prøvd
å klare seg	klarer seg	klarte seg	har klart seg
å håpe	håper	håpet	har håpet

å gå	går	gikk	har gått
å bli	blir	ble	har blitt
å veksle	veksler	vekslet	har vekslet
å trykke	trykker	trykte	har trykt
å ane	aner	ante	har ant
å spørre	spør	spurte	har spurt
å ligge	ligger	lå	har ligget
å følge	følger	fulgte	har fulgt
å sykle	sykler	syklet	har syklet
å reise	reiser	reiste	har reist
å bestemme	bestemmer	bestemte	har bestemt
å slappe av	slapper av	slappet av	har slappet av
å sole seg	soler seg	solte seg	har solt seg
å svømme	svømmer	svømte	har svømt
å se	ser	så	har sett
å hente	henter	hentet	har hentet
å hjelpe	hjelper	hjalp	har hjulpet
å ringe	ringer	ringte	har ringt
å bestille	bestiller	bestilte	har bestilt
å stå	står	stod	har stått

PREPOSITION EXERCISE p. 187

Om vinteren bor de fleste studentene i
Studentbyen på Kringsjå. De bor på hybel eller
i leilighet. I sommerferien drar de vanligvis
på ferie til utlandet.
Mange studenter er interessert i å få et sted å
bo like ved Universitetet. De leser annonsene i
avisene og svarer på annonser. Ofte må de klare
seg med en liten hybel i mange år, og de må som
regel betale mye i leie.
Om tre uker kommer studentene tilbake til
Universitetet. Knut heter en av disse
studentene. Han har ikke vært i Norge på tre år
for han har studert i utlandet. For to dager
siden kom han til Norge fra Frankrike. Han har
studert der i tre år.
Nå bor han hos sine foreldre i Gabels gate. De
er veldig snille mot ham, men han gleder seg til
å få en hybel allikevel.
Da han kom til Norge, ringte han straks til en
venn for å spørre ham om han kunne hjelpe ham
med å finne en hybel. Han ringte først en gang,
så en gang til, denne gangen til kontoret hvor
han jobber. Nå var han heldig, for vennen
skulle på en lengre reise dagen etter.
De bestemte seg for å møtes i sentrum etter
kontortid ved 4-tiden for å snakke om problemet
hans, og for å se på en hybel. Om kvelden kunne
de så gå på kino og se en film av Bergman.
Etterpå kunne de kanskje gå på restaurant.
Knut gikk på badet, tok en kald dusj og kledde
på seg i full fart. Så ringte han etter en
drosje.

84

IV. Alphabetical Glossary

The first number refers to the lesson and the second number refers to the page in the text book.

A
absolutt = absolutely   22-173
adjektiv = adjective   7-52
adlyde = obey   11-92
adverbial = adverbial   3-24
agurk = cucumber   7-51
aldri = never   11-91
alene = alone   10-79
alle = all   1-13
allesammen = all of us   11-92
allikevel = anyway, just the same   9-71
alltid = always   11-92
andre = other, else (pl.)   4-30
ane·= suspect, have an idea   19-153
angre = repent, be sorry for   22-174
annen = second   12-95
annen = else, other   4-29
annet = else, other   4-49
annonser = ads, advertisements   17-137
ansikter = faces   8-66
ante = suspected, thought   12-104
antikk.= antique   8-59
apoteket = the pharmacy   12-93
april = April   12-95
arbeide = work   5-37
ark = sheet (of paper)   8-66
at = that   4-29
atten = eighteen   4-29
attende = eighteenth   12-95
attpåtil = besides, in addition   12-104
Au = ow   5-39
august = August   12-95
av = of   3-24
avbryte = interrupt   12-100
avisa = the newspaper   17-137

B
bad = bath, bathroom   8-66
bade = bathe   20-158
badebukse = swimming trunks   20-158
badeball = beach ball   20-158

baderom = bathroom 8-66
badeværelse = bathroom 8-66
bak = behind 12-99
bake = bake 11-91
bakken = the ground 5-39
baljen = the (wash) tub 11-91
bananen = the banana 23-183
bare = very 1-11
bare = only, just 8-67
barn = child, children 4-36
barnerim = nursery rhyme 4-36
barnevise = children's verse 11-91
barnevogn = baby carriage 17-143
be = invite 13-105
be om råd = to ask for advise, consult 20-160
bedre = better 14-118
bedring = improvement, recovery 11-85
begge = both 23-181
begge deler = both 23-181
begge to = both 9-71
begynn = begin 12-96
(hva) behager = I beg your pardon 12-100
behengt = hung, draped 15-128
beholde = keep, retain 12-99
bein = legs 5-39
beroligende = calming, reassuring 12-103
bestemme seg for = make up one's mind to 20-158
bestemt = definite 5-38
bestilt time = an appointment 22-173
besøke = visit 10-79
betale = pay 7-53
betyr = means 2-17
beundret = admired 15-128
bifall = approval 15-128
bil = car, vehicle 5-37
bilder = pictures 4-29
billettene = the tickets 23-180
billig = cheap 7-51
bilmekaniker = auto mechanic 22-178
bind = tie, tie up 9-78
bisetning = subordinate clause 16-131
bite = bite 11-91
bjerk = birch 17-143
bladet = the newspaper 16-134
blanke = empty, bright 8-66
bla = turn pages, thumb 12-100
86

blekgrønne = pale green   17-143
blekk = ink   16-131
blid = gentle   4-36
bli = will be   5-43
blir = will be 12-103   -103
bli med = come along   19-156
blokken = pad (of paper)   12-103
blokkene = apartments   17-143
blomster = flowers   5-43
blomstrete = flowered   12-101
bløt = soft   11-91
blått = blue   5-43
Bm. (billett merkes) = apply box number   17-137
boka = the book 4-32
bokklubbens = the book club's   4-36
bokstav = letter   2-18
bokstavene = the letters 1-13
bolig = dwelling   15-128
·bo = reside, live   4-29
bordene = .the tables 6-44
bort = away   5-43
bra = fine   1-11
bremsene = the brakes 22-173
brenn = burn   9-77
brev = letter   9-69
bronkitt = bronchitis   12-93
broren = the brother 10-79
bruke = use   5-38
brun = brown   15-121
bry seg om = bother, trouble oneself   14-118
bryst = chest   12-101
brød = bread   3-23
brødre = brothers   4-29
buede = raised   15-128
buken = the belly, stomach 17-143
buksa = the pants 12-101
burde = ought to 23-188
bussen = the bus 12-98
butikkene = the shops 6-44
by = city   4-29
bygningskompaniet = the construction company 12-104
byråbilene = the agency vehicles·17-143
bæreposer = carrying bags   17-143
bæres = are carried   17-143
bøker = books   8-59
bør = ought   12-103

bøye seg = bend over 12-101
bøyning = conjugation 21-168
både = both 9-71
bånd, båndet = tape, the cassette 1-14

C
ca. = about (circa) 15-121

D
da = then 9-77
daglig = daily 12-103
dag = day 5-37
dame = lady, woman 12-99
Danmark = Denmark 8-65
danner = form 15-122
danse = dance 11-91
De = you (polite conversation) 7-52
de = they 4-29
deg = you (object) 5-39
deilig = beautiful, delightful 11-91
dele opp = divide (up) 15-121
dem = them 9-70
demonstrative = demonstrative 8-62
der = there 1-13
der = where 5-43
der borte = over there 6-44
dere = you (pl.) 4-30
deres = their(s) 11-92
Deres = your, yours (formal) 12-93
deretter = after that 19-153
derfor = therefore 8-59
desember = December 12-95
dessuten = perhaps 15-128
dessverre = unfortunately 3-23
desto = the 23-188
det = it 1-11
di = your(s) (fem.) 10-80
dialekten = the dialect 11-92
dialogen = the dialog 11-88
diktat = dictation 2-21
din = yours 10-80
dine = your(s) (pl.) 10-80
direkte tale = direct speech, discourse 19-154
diskutere = discuss 20-166
88

dit = there   16-136
dobbeltsenger = double beds   17-143
doktoren = the doctor 12-99
doven = lazy   20-160
dra = go, leave   20-157
dragning = fascination, attraction   8-66
dressen = the suit (of clothes) 16-133
drikke = drink, drinking   4-29
drosje = taxi   23-187
dryppe = drip   21-167
drømmene = the dreams 8-66
dråper = drops   15-121
du = you   1-11
due = dove, pigeon   4-36
duge = fit, be suitable   14-118
duker = tablecloths   8-66
dukke opp = appear, pop up   8-66
dukkehender = baby hands   11-91
dusj = shower   23-187
dyktig = capable, proficient   12-99
dynetrekk = bed covering, pad   8-66
dyrt = expensive   7-51
dører = doors   17-143
dårlig = bad, poor   18-149

E
egenskap = property, characteristic   8-66
egentlig = really, actually   11-92
ei = a, an (fem.)   5-38
eide = owned   11-92
eiendomspronomen = possessive pronoun   10-79
eie = own   18-152
eksempel = example   1-14
eks. = example   4-33
ekspeditøren = the clerk, salesperson 22-173
ekstra = extra   22-173
eldre = older   12-99
elektriker = electrician   21-172
elektrisk = electric   8-66
eller = or   2-18
elleve = eleven   4-29
ellevte = eleventh   12-95
elske = love   20-160
en = a, an   3-23

en, ett = one   3-23
enda = still   8-66
eneste = single   12-99
enfoldig = naive, simple   12-99
engelsk = English   2-17
engler = angels   8-66
enn = than   8-59
ennå = yet, still   6-44
entall = singular   4-30
eple = apple   9-70
er = is, are   1-11
et = a, an   3-23
ett, en = one   3-23
etter = after   3-26
etterpå = later   13-114
ettertenksomhet = thoughtfulness   20-160
Europa = Europe   8-64
eventyrland = fairyland   9-78

F
falle = fall   5-39
familie = family   10-79
far = father   5-43
farger = colors   8-66
farlig = dangerous   12-103
feber = fever   11-85
februar = February   12-95
fedd = cloves, sections   15-121
f. eks.= (abbr.) for eksempel = for example,(e.g.) 8-59
fem = five   3-23
femininum = feminine   3-24
femte = fifth   12-95
femten = fifteen   4-29
femtende = fifteenth   12-95
femti = fifty   6-44
femtiende = fiftieth   12-95
ferdig = ready, prepared   12-99
ferie = vacation   20-157
ferske = fresh   20-160
fiendtlig = fiendish, hostile   17-143
fikk se = was able to see   23-188
fine = fine   7-51
fingrene = the fingers 15-128

finnes = are found 1-13
fint = fine 13-105
fire = four 3-23
firkantede = rectangular 17-143
fisk = fish 15-128
fiskeboller = fish balls 8-66
fiskestang = fishing pole 20-159
fjerde = fourth 12-95
fjerne Østen = the Far East 20-157
fjeset = face 11-91
fjorten = fourteen 4-29
fjortende = fourteenth 12-95
flatene = the flat areas 17-143
flekkete = spotted, stained 17-143
flere = more 12-99
flertall = plural 4-30
fleste = most, majority 8-59
flink = good at, accomplished 13-114
flokker = flocks, crowds 17-143
florlett = gauzy 20-160
fly = fly (verb) 20-157
fly = airplane 20-157
flyktig = fleeting, transitory 15-128
flyttebilene = the moving vans 17-143
flytte = move, change one's residence 17-143
fløyel = velvet 11-91
fonemene = the phonemes, sounds 1-13
fonetikkboka = the phonetics book 1-13
for å slåss = to fight 5-43
for ... siden = ago 9-69
foran = before, in front of 8-66
forbitret = indignant 12-99
fordi = because 5-37
fordreide = twisted, distorted 8-66
foregå = happens, occur 12-99
foreldrene = the parents 10-79
forestillingene = the performances, shows 23-180
(på) forhånd = in advance, beforehand 12-103
forklaringer = explanations 1-13
forkle = apron 12-99
form = form 3-27
formiddagen = the morning 12-99
fornuftig = reasonable, sensible 8-66
forresten = however, perhaps 22-173
forretning = store, business 8-59
forrige = preceding, last 15-126

forsinket = delayed 18-145
forskjellig = different, various 8-68
forskrekket = frightened 12-101
forslag = proposal, suggestion 8-66
forstå = understand 6-49
forsyne dere = help yourselves 15-121
forsøkt = tried, attempted 12-99
fortalte = told 9-69
fortellende = declarative 1-12
fortelle = tell, relate 4-29
fortell = tell (imperative) 10-83
fortelling = tale, story 5-42
fortere = quicker, faster 12-100
fortid = past tense 22-174
fortsett = continue, complete 16-133
foruten = without, besides 11-91
forvandlet = changed, transformed 8-66
forvirret = confused 12-103
fra = from 1-11
frakk = overcoat, topcoat 12-99
framtid = future tense 22-174
fransk = French 1-11
fredag = Friday 5-37
fredet = protected, preserved 15-128
fremdeles = still 21-167
fremmede = guests 15-128
frem og tilbake = back and forth 17-143
fri = free 6-44
frisk = healthy, well 9-69
frisk og kjekk = hale and hearty 9-69
frodig = fertile 5-43
frokost = breakfast 7-53
fryktelig = awfully, terribly 12-103
fryse = freeze 18-149
fugl = bird 15-128
fuglevinger = bird wings 15-128
full fart = full speed 23-187
futurum = future (tense) 5-38
fyll = fill 1-15
fyr(ing) = fire, furnace 17-137
født = born 12-93
følg = follow 19-153
følgende = following, next 3-26
følte = felt, sensed 15-128
før = before 12 100
først = first (adv.) 6-44
92

første = first (ordinal number) 12-95
førti = forty 6-44
førtiende = fortieth 12-95
få = get, make 8-66

G

gamle = old (pl.) 8-59
gammelt = old 8-59
gang = time 9-77
med en gang = at once 21-167
gardiner = curtains 8-66
gate = street 5-38
genser = sweater 20-159
gift = married 10-79
gikk = went 9-77
gipshoder = plaster heads 8-66
gjenta = repeat 3-26 (used also in cassette I, p. IV)
gjerne = gladly, willingly 3-23
gjøre = do 2-17
glasstøy = glassware 17-143
glatt = slippery 5-37
glatte = plain 17-143
(jeg) gleder meg = I will look forward to (that) 13-105
å glede seg = be happy, glad, pleased 14-119
glemt = forgot 12-100
gnag = gnaw 9-78
gnister = sparks 8-66
god bedring = get well soon, speedy recovery 11-85
god dag = good day 1-11
god tid = plenty of time 6-44
godt = good 3-23
godt = just as well 12-99
grammatikk = grammar 1-11
gre = comb 8-66
greit = clear, nice, convenient 12-93
gressgrodd = grassy 20-160
gressvokste = grass covered 17-143
gripe = grab 12-102
gro = grow 5-43
gruppen = the group 20-166
grusete = graveled 17-143
gryterett = casserole dish 15-121
grønn = green 7-51
grønnsaker = vegetables 15-126

gråhvite = grayish-white 17-143
gulrøtter = carrots 7-51
gulvflater = floor spaces 17-143
gutt = boy 9-69
gå = go 3-23
gå på ski = go skiing 20-157
gå til fots = go hiking 20-157
gå videre = continue 8-66
går = goes 2-17
gåsemorvers = Mother Goose rhymes 16-131
gått fottur = been hiking 20-161

H

ha = have 3-23
ha det = 'bye, so long 2-17
ham = him 9-70
han = he 1-11
handle = deal, do business 6-44
hankjønn = masculine gender 3-24
hans = his 16-130
hansker = gloves 8-66
ha = have 1-11
ha fri = have a day off, holiday 6-44
ha time = have an appointment 11-85
hatten = the hat 21-171
hav = sea 5-43
hei = hi, hey 1-11
heks = witch, old hag 4-36
hel = whole, entire 7-51
heldige = lucky 6-44
hele = whole, entire 1-14
hell fra = pour from 8-66
heller = rather 21-167
helligdag = holy day 5-37
helst = preferably, rather 23-180
helt = completely 21-167
(kan) hende = maybe 20-160
henge = hang 8-66
henge opp = hand 17-143
henne = her 9-70
hennes = hers 11-91
hente fra = come from 11-92
hente = come for, get 22-173
94

her = here 5-41
herfra = from her 19-153
herre = gentleman 12-99
hest = horse 18-152
hete = to be named, called 6-50
hette = cap, cowl 12-99
hi = winter lair 15-128
hihi = tee-hee 12-103
hikstende = sobbing, gasping 12-101
hilse fra = say hello from 14-115
hilse på = greet 14-115
hilse på venner = greet friends 20-158
hilsen = greeting, salutation 13-114
himmel = heaven, sky 5-43
hindi = Hindi 2-17
historie = history, story, tale 11-92
hit = here 12-97
hjalp = helped 21-167
hjelpe = help 12-103
hjelpeverb = helping verb 3-24
hjem = home 5-39
hjemme = at home 2-17
hjemlandet = homeland 4-29
hjertet = the heart 8-66
holdt senga = stayed in bed 11-85
holdt til = sat 23-188
hos = at, with 11-85
hoste = cough 12-101
hosteanfall = attack of coughing 12-101
hovedsetning = main clause 16-131
hun = she 1-11
hunden = dog 16-133
hunden = the dog 16-133
hundrede = hundredth 12-95
hunkjønn = feminine gender 3-24
huset = the house 7-52
husk = remember 3-24
hva = what 2-17
hva slags = what kind of 23-180
hvem = who 1-11
hver = each 5-43
hverandre = each other 8-68
hverdager = week days, working days 5-37
hvetemel = wheat flour 15-121
hvilken = which 5-37
hvis = if 13-114

hviske = whisper 12-100
hviteste = whitest 8-66
hvitløk = garlic 15-121
hvitt = white 8-66
hvor = where 1-11
hvor mange er klokka? = what time is it? 11-85
hvor mye blir det = how much do I owe you? 13-113
hvordan = how 1-11
hvordan det = what about it? 5-37
hvordan har du det? = how are things? 1-11
hvordan går det = how are you? 13-113
hvordan står det til? = how are you? 3-23
hvorfor = why 5-37
hybel = rented room, small apartment 17-137
hyggelig = pleasant 4-29
hytte = cabin, hut 15-128
høflig = courteous 12-94
høflig tiltale = polite address 12-94
høna = the hen 4-36
hør = listen 1-14
høst = fall, autumn 12-95
høye = high 8-68
høyhusene = the high rise housing 17-143
høyre = right 19-153
hånden = the hand 8-66
håp = hope 5-43
håret = the hair 8-66

I
i = in 1-13
i dag = today 5-37
i fjor = last year 15-128
i går = yesterday 9-69
i kor = simultaneously 12-104
i kveld = tonight 13-105
i morgen = tomorrow 5-38
i orden = in order 22-178
i tilfelle = in case 22-173
i veien med = wrong with 13-114
iallfall = at any rate 12-103
igjen = again 5-25
iherdig = energeticly, persistently 12-100

ikke = not 1-13
ikke noe = nothing 18-150
ikke noe særlig = not especially 3-23
ikke sant = isn't that so? 22-173
ilden = the fire 9-77
imellom = between 11-92
imperativ = imperative (command) 6-45
indirekte tale = indirect speech, discourse 19-154
ingen årsak = you're welcome, do not mention i 19-153
ingenting = nothing 15-128
inn = in 1-14
innbille seg = imagine, make somebody believe 14-118
inne = inside 18-146
innpåslitne = aggressive, pushy 12-99
innrammede = framed 17-143
innvendig = interior, inside 15-128
intetkjønn = neuter gender 3-24
intonasjon = intonation 9-71
inversjon = inversion, inverted word order 4-30
inviterte = invited 15-126
isteden = instead 12-100
istedenfor = instead of 21-169

   J
ja = yes 1-11
ja-a-am = meow 9-78
jagde = would hunt, chase 5-39
jakke = jacket 12-101
jamen = certainly, indeed 11-91
janteloven = the law which expresses utter disdain
            for the individual in society 14-118
januar = January 12-95
jaså = is that so? 12-93
ja vel = yes, certainly 12-93
jeg = I 2-17
jegervis = sportsmanlike 15-128
jente = girl 17-138
jernbanestasjonen = the railroad station 17-143
jerngryte = iron kettle 15-121
jevning = thickening 15-121
jo = yes (after a negative question) 6-44
jo = after all 12-104
jobben = job, occupation 14-115
jord = earth 5-43

jul = Christmas 16-133
til jul = for Christmas 20-158
julepresanger = Christmas presents 20-166
juli = July 12-95
juni = June 12-95
justere = adjust 22-173

K

kaffe = coffee 3-23
kake = cake 11-91
kaldt = cold 5-37
kam = comb 8-66
kan = can 3-25
kan du tro! = you can be sure 11-91
kanskje = perhaps 8-66
karri = curry 8-66
kartongene = cartons 17-143
kasser = packing baskets 17-143
kaste bort = waste 5-43
katta = the cat 9-78
kilen = ticklish 12-103
kile = tickle 12-103
kilo = kilo 7-51
kinn = cheek 11-91
kino = movie (theater) 16-136
kirke = church 16-129
kirurgen = the surgeon 8-66
kister = boxes 17-143
kjekk = hearty, cheerful 9-69
kjeks = cracker, crackers 4-29
kjenner = know 14-115
kjolen = the dress, gown 16-133
kjære = dear 9-77
kjærlighet = affection, love 20-160
kjærtegn = caress 20-160
kjøkkenet = the kitchen 16-129
kjøleskap = refrigerator 8-66
kjøpe = buy, purchase 3-23
kjøpmann = merchant, storekeeper 7-51
kjøre = drive 5-37
å gå i ett eneste kjør = without a break 12-99
kjøtt = meat 15-121
kjøttbuljong = meat bullion 15-121
klare seg = manage, get along with 17-137

kle av = undress 12-100
kledd = clad, dressed 8-66
klessnor = clothes line 8-66
klokere = smarter, more intelligent 14-118
klokke = clock, watch 3-24
klosettskåler = toilet bowls 8-66
klut = cloth, rag 8-66
klærne = the clothes 5-39
klø = scratch 20-160
knestrømper = knee socks 20-159
knute = knot 17-143
knyttnever = clenched fists 17-143
kofferter = suitcases, trunks 17-143
kokes = be cooked 15-121
komfyrer = stoves 17-143
komisk = comical 12-99
komme av = stem from 15-128
komme til orde = make oneself heard 12-101
kommer, komme = comes, come 1-11
kommoder = bureaus, chests 17-143
komparativ = comparative 8-61
komplisert = complicated 2-17
kondisjonalis = conditional (mood) tense 22-174
kone = woman, wife 9-71
kontant = cash 17-137
kontoret = the office 5-37
kontorsøster = (doctor's) office girl, nurse 12-99
kontortid = office time 23-187
kontroll = control 12-103
kontrollert = checked, inspected 22-173
kopp = cup 3-23
kose seg = enjoy oneself 20-158
koselig = cozy, pleasant 8-59
koste = cost 7-51
krana = the faucet 21-167
kriminalfilmer = detective, crime (story) films 23-183
kroner = unit of Norwegian money 7-51
kroppen = the body 8-67
kroppsdelene = the body parts 11-90
krydder = seasoning, spices 15-121
krype = creep, crawl 17-143
kryss av = cross out or off 4-33
krysse = cross, intersect 4-33
kurere = heal, cure 12-103
kvart på = quarter to 18-145
kveld = night, evening 8-59

kvele = suffocate, choke 12-102
kvinnepakten = the women's pact, agreement 11-92
kvinner = women 8-66
kåpen = the woman's coat, cape 14-115

L
la = let 3-26
laboratorieøvelser = laboratory exercises
                    (cassette exercises) 1-14
lag = prepare, make 1-15
lage mat = cook food 16-129
lakener = (bed) sheets 8-66
lampene = the lamps 17-143
lange = long 1-13
langt borte = far away 4-29
later. = appears, seems 12-99
laubærblad = bay leaf 15-121
ledig = free, unoccupied 6-44
legekontor = doctor's office 12-99
legen = the doctor 11-85
legge = put 15-121
legge merke til = notice, become aware of 17-143
leie = rent 16-129
til leie = for rent 17-137
leilighet = apartment 16-129
lekkasjen = the leak, leakage 21-167
lekke = leak 21-167
lenge siden sist = it has been a long time
leppene = the lips 8-66
le = laugh 11-91
lerreter = linens 8-66
les = read 1-14
lese opp høyt = read out loud 15-127
leser = read 2-17
lesestykke = reading selection 4-34
lesetekst = reading text 2-21
å lese ut = finish (reading) 21-168
lette ledd = unstressed sentence segments 18-146
lettere = easier 16-129
levde = lived 9-71
leve = live 5-43
leve av = live on 15-128
levere = furnish, deliver 12-104

ligge = lie (verb)   19-153
likegyldig = indifferent   17-143
å like seg = be, feel comfortable, happy   15-119
like = like, enjoy   3-23
liknet = resembled   15-128
lille = little   11-92
linje = line, extension   22-173
litegrann = a little bit, just a little   15-121
liten = small, little   2-18
litt = a little   2-17
livrett = favorite dish   15-126
loddent = hairy, wooly   15-128
loftet = ceiling   21-167
loppemarked = flea market   8-59
love = promise   22-173
lue = cap   20-159
lukk = close   4-32
lurte på = wondered about   13-105
lyde = sound   8-66
lykke = happiness, good fortune   20-160
lykke til = good luck   2-17
lysegrønne = light green   17-143
lyset = light   8-66
lytte = listen   12-101
lærer = teacher   12-93
lærte = taught   11-92
løfte = lift   17-143
løk = onion   15-121
lørdag = Saturday   5-37
lå = laid, rested   9-71
lå til grunn = was the basis of   11-92

M
madrasser = mattresses   17-143
magen = the stomach, bowels   12-98
mai = May   12-95
maleriene = the paintings   17-143
mandag = Monday   5-37
mange = many   4-29
mannen = the man   12-99
markeres = (are) marked   1-13
mars = March   12-95
maskulinum = masculine   3-24

mat = food 3-23
med = with 1-13
medisinene = the medicines 12-93
meg = me 9-69
mel = flour 15-121
mellom = between 1-13
mellomgulvet = diaphragm 12-102
men = but 2-17
mene = mean, intend 22-178
mennesker = people, human beings 17-143
mente = believed, was of the opinion 12-104
mens = while 20-166
mer = more 3-24
merk = note, notice 2-18
mest = most 8-66
mest = the greatest part of, mostly 15-128
meter = meter 19-153
mi = mine 10-80
middag = noon, midday 9-71
middag = dinner, main meal 11-89
midt = middle 11-91
min = mine 10-80
mine = mine (pl.) 10-80
mistet = lost 8-66
mitt = mine, my 11-86
mold = soil, ground 4-36
mor = mother 5-43
morgen = morning 9-71
mørket = dark 8-66
moro = amusement 15-128
for moro skyld = for the sake of amusement 15-128
mot = towards 8-66
mumle = mumble 12-99
munnen = the mouth 8-66
mye = much 4-29
myggestikk = mosquito bite 20-160
møbler = furniture 8-59
mørt = tender 15-121
møte = meet 8-66
må = must 3-23
måned = month 12-103
måpende = staring openmouthed 12-104
måten = the manner, way 11-92

N

naboene = the neighbors 16-134
nakken = the neck 5-39
nakne = naked 17-143
natten = the night 4-36
navnet = the name 12-93
ned = down 19-154
nedenfor = below 8-67
nedstøvete = dust covered 17-143
nei = no 2-17
nemlig = you see 22-173
nese = nose 11-91
neste = meet 12-99
neste = next stop 19-153
nesten = nearly 6-44
ni = nine 3-23
niende = ninth 12-95
nikke = nod 12-99
nikkers = knickers 20-159
nitten = nineteen 4-29
nittende = nineteenth 12-95
nitti = ninety 6-44
nittiende = nintieth 12-95
nja = well (interjection) 12-103
noe annet = something else, anything else 7-51
noen = some 5-43
noen ganger = some times 8-59
nok = enough 7-51
nok = probably 22-173
noksa = quite 12-99
nord = north 4-29
nordmenn = Norwegians 8-59
nordover = northwards 20-157
Norge = Norway 8-64
normalisert = standardized, normalized 15-128
norsk = Norwegian 1-11
novellen = short story, tale 8-66
november = November 12-95
nydelig = delightful 6-44
nye = new 15-115
nyfallen = new fallen 8-66
nygifte = newly married 8-59
nystrøkne = fresh or newly ironed 8-66
nytte = to be of use 5-43
nær = near, close to 12-102
nødvendig = necessary 12-100

nøkkelen = the key 22-173
nøkkelordene = the key words 22-178
nøytrum = neuter   3-24
nå = now   2-17
når = when   9-69

O

ofte = often   8-66
og = and   1-11
også = also 1-13.3
oksekjøtt = beef   15-121
oksen = the ox 9-77
oktober = October   12-95
olje = oil   15-121
oljeskift = oil change   22-173
om = about   4-29
onkler = uncles   10-79
onsday = Wednesday   5-37
operere = operate   8-66
opplesing = recitation, read out loud   15-123
opplysning = information   17-137
oppskrapte = cleared out   17-143
oppskriften = the recipe 15-121
oppstå = arise, occur   8-66
oppsøke = consult   12-103
opptatt = occupied   6-44
ord = word, words   3-26
ordbok = dictionary   11-90
ordenstall = ordinal number   12-95
ordne = put in order   12-103
ordstilling = word order   18-146
ordstyrer = chairman, moderator   15-127
oss = us   3-26
ost = cheese   4-29
osv. = og så videre = etcetera   8-59
over = over   5-39
over i = into   8-66
overarbeidet = overworked   12-99
overeksponerte = overexposed   8-66
overkroppen = the upper part of the body
                (down to the waist)   12-93
oversikt = overview, outline   18-151

P

pakke = package, pack   8-66
pakke ut = unpack   17-143
pannen = the forehead   12-99
papirer = papers   12-100
par = pair, couple   8-59
paraply = umbrella   20-159
parasoll = parasol   20-158
parkeringsplassene = the parking lots   17-143
pasienter = patients   12-99
passe fint = that is just fine   13-105
passe = watch, look after   18-152
pause = pause   12-99
peisen = fireplace   4-36
perfektum = perfect (tense)   11-86
pen = nice   14-116
penger = money   8-59
pennen = the pen   23-184
personlig = personal   4-30
piker = girls   4-36
plagg = garment, piece of clothing   12-101
plaske = splash   11-91
plassere = place   8-67
plassering = placement, placing   3-24
plast = plastic   5-43
platen = the (phonograph) record   16-134
pleie å = be used to   20-158
pluskvamperfektum = past perfect tense   22-174
plutselig = suddenly   15-128
porten = the gateway   4-36
posessive = possessive   10-80
post = mail   9-69
poteter = potatoes   7-51
prat = talk, chat   5-43
preposisjonsøvelse = preposition exercise   8-68
presens = present tense   1-11
prestekravene = the daisies, "priestly collars"   20-160
preteritum = preterite, past tense   9-70
problemet = the problem   23-187
pronomen = pronoun   4-30
prøv = try   6-44
purre = leek   7-51
pusse opp = redo, redecorate, renovate   8-59
pust = breathe   12-100
putevar = pillow cases   8-66
pærer = pears   23-181

på = on, to   1-14
på den måten = in this manner, way   8-59
(i) påskeferien = at or during Easter vacation 20-158
(i) påsken = at or during Easter   20-158

R
radioen = the radio   5-42
ref., referanse = reference 17-137
refleksivt = reflexive   12-94
regel = rule   4-30
regelmessig = regular   21-168
regle = jungle, nonsense verse   4-36
regn = rain   5-39
regnbuen = rainbow   5-43
regne = rain   5-37
regningen = bill, account   12-104
(rer) reie opp = make (a bed)   17-143
reipet = rope   9-78
reise   travel   20-157
reisebyrået = the travel bureau, agency 20-166
reisen = the journey, trip 17-143
reise seg = arise, get up   12-101
rekker = rows   17-143
rekkehusene = the row housing 17-143
rekke = stick out   12-102
relativt = relative   8-61
reparere = repair   21-167
repeter = repeat   4-32
representant = representative   20-166
resept = prescription   12-93
rette seg = to straighten oneself   12-101
riktig = correct, right   3-27
ringe = call (telephone)   16-134
ris = whip, thrash   4-36
rise = whip, spank   9-77
rive = tear   12-103
rommene = the rooms 8-59
rotte = rat   4-36
ruske i pappas hår = rumple daddy's hair   11-91
rydde ut = clear out   17-143
rygg = back   12-101
ryggsekk = back pack   20-159
ryste = shake, tremble   12-103
rød = red   7-51
106

rødgule = red-gold 8-66
rødvin = red wine 15-121
røntgenbilde = x-ray picture 12-103
røre = move, stir 15-128
røret = the pipe 21-167
rørlegger = plumber 21-167
å ha råd til = to be able to afford to 20-158

S
sa ikke stort = did not say much 23-188
sammen = together 4-29
samtalen = the conversation 1-14
saus = sauce 8-66
scenen = the scene 12-99
se = look at, see 4-34
se seg om = look around 17-143
seg = himself, herself, etc. 12-94
sekretær = secretary 15-127
seks = six 3-23
seksten = sixteen 4-29
sekstende = sixteenth 12-95
seksti = sixty 6-44
sekstiende = sixtieth 12-95
selge = sell 8-59
selv = self 8-59
selv om = even though 8-59
sendt ut = sent out 5-43
senere = later 8-66
senga = the bed 8-67
sent = late 14-115
sentral fyring = central heating 17-137
sentrum = center 16-135
september = September 12-95
servere = serve 15-121
setervei = mountainous summer farm path 20-160
setning = sentence 1-12
sett inn = put in, insert 3-27
si = say 5-43
sier du det? = you don't say!
si ifra = tell, announce 18-145
si = say 4-29
side = page 1-14
siden = since 9-69
for...siden = ago 18-150
sikkert = certainly 21-167
        (on tape in Chapter 6 as well)

silkehår = silky hair 11-91
sin = his, her(s), its, their(s) 16-130
siste = last 5-43
sitt = his, her(s), their(s), its 16-130
sitte = sit 16-130
sjanse = chance 5-43
sjette = sixth 12-95
sju, syv = seven 3-23
sjuende, syvende = seventh 12-95
skaffe = obtain 20-166
skal = shall 3-23
skatollet = the writing desk 17-143
ski = ski 20-159
skinn = skins 15-128
skje = spoon 12-102
skjer = happens 8-66
skjerf = muffler, scarf 12-101
skjorter = shirts 8-66
skjær = cut, slice 15-121
skjønne = understand, realize 12-103
skjøre = delicate 17-143
sko = shoe 5-36
skolen = the school 9-72
skrible = scribble 12-100
skriker = cry 11-91
skriv = write 2-21
skrivebord = desk 12-99
skru av = unscrew, turn off 21-167
skru på = turn on 21-167
skuespillet = the play 12-99
skulle = should, shall 11-91
skyld = blame, fault, sake 15-128
skål = skoal, to your health 15-121
slakt = slaughter 9-77
slakter = butcher 9-77
slappe av = relax, slack off 20-158
slik = such 8-66
sliten = tired, worn out 12-99
slite ut = wear out 12-99
slokk = extinguish 9-77
slukke = turn off, put out 8-66
slokke = extinguish 9-77
etter smak = to taste 15-121
smake = taste 11-91
smerter = pains 12-93
smør = butter 15-121
108

smøring = greasing, lubrication 22-173
små = small 5-43
småting = small things 17-143
snakke = speak, talk 2-17
snart = soon 3-23
snill = kind, nice 12-103
snodig = funny, cheerful, amusing 9-71
snu seg = turn oneself 17-143
snø = snow 5-39
snøkrystaller = snowflakes, crystals 5-39
snør = tie 4-36
snør = snows, snowing 5-37
solbriller = sunglasses 20-158
soldat = soldier 8-66
sole seg = sun oneself 20-158
solstol = sun chair 20-158
som = which, that 5-39
som = as, like 6-44
som = who 8-61
sommer = summer 12-95
i sommer = this summer 20-158
om sommeren = during the summer 20-158
til sommeren = this summer (future) 20-158
sorgene = the sorrows, troubles 12-103
sovepose = sleeping bag 20-159
soya=eller oliven olje = soy or olive oil 15-121
spa = spade, dig 4-36
Spania = Spain 8-64
spare = save 8-59
speilet = the mirror 8-66
spesielt = especially, special 8-59
spille = play, is playing 23-180
spindelvev = spider web 20-160
spise = eat, eating 4-29
spisst = sharply 12-99
språk = language 15-126
spør = ask, question 1-14
spørrende = interrogative 1-12
spørreord = interrogative 11-87
spørs om = depends (on) 22-173
spørsmål = question, inquiry 2-18
å stille spørsmål = to ask questions 20-166
stadig = steady, incessantly 17-143
stavelse = syllable 10-81
staver = ski poles 20-159
steder = places 5-37

stein = stone 5-39
steke = roast 15-128
stenge = lock, shut, close 6-44
sterkt = strong (verb) 13-112
stikkord = key words, cues 20-166
stirret = gazed, stared 8-66
stiv = stiff 17-143
stjele = steal, deprive 5-43
stjerner = stars 5-43
stokk = stick, cane 5-39
stolene = the chairs, stools 6-44
stor = big, capital 2-18
straks = immediately 23-187
stripete = striped 12-101
studentbyen = the student housing area 17-137
stue sammen = pack, squeeze together
                (like sardines) 17-143
stuevindu = living room window 8-66
stygg = bad 12-102
stykke = piece 3-23
(et) stykke = a short ways 19-153
største = biggest 21-167
støvler = boots, (ankle high) shoes 20-159
stå bra til = things are fine 13-105
stå = stand 1-13
subjekt = subject 1-12
substantiv = noun, substantive 3-24
sukke = sigh, breathe heavily 12-101
sulten = hungry 3-23
superlativ = superlative 8-61
suppa = the soup 14-120
svakt = weak (verb) 13-112
svar = answer 1-14
svare på = to answer 5-40
svarene = the answers 2-21
svetten = sweat 12-99
svimle = be dizzy, faint 8-66
svi = hurt 8-66
svømme = swim 20-158
svømmebasseng = swimming pool 20-158
sybord = sewing table 17-143
Syden = the south, Mediterranean countries 20-157
syk = sick 9-69
sykle = bicycle 20-157
synes = think, in our opinion 13-105

110

synge = sing 11-91
syntetisk = synthetic 5-43
sytten = seventeen 4-29
syttende = seventeenth 12-95
sytti = seventy 6-44
syttiende = seventieth 12-95
syv, sju = seven 3-23
særlig = especially 17-143
søndag = Sunday 5-37
sønn = son 10-79
sør = south 4-29
sørover = southwards 20-157
søsken = brothers and sisters 4-29
søster = sister 4-29
søt = sweet 18-152
så = so 5-37
så langt = as far as 5-43

T
ta = take 5-37
ta av = take off 12-93
ta med = bring along 21-168
ta på seg = dress oneself 12-98
taburetter = stools 17-143
takk = thanks 1-11
takk for sist = thanks for our last time together
13-105
takk i like måte = thank you likewise (also) 13-105
tanke = thought 8-66
tanter = aunts 10-79
tapetene = the wallpaper or covering 12-104
te = tea 3-23
teater = theatre 23-179
tegn = sign, symbol 4-33
tegnforklaring = symbol explanation 1-13
teksten = the text 4-32
telefonnummeret = the telephone number 22-177
telefonsamtalen = the telephone conversation 13-110
telle = count 3-26
telt = tent 20-158
temmelig = quite, rather 12-99
temperert = room temperature 15-121
tenke = think, consider 8-66

tenner = teeth 11-91
teoretisk = theoretical 1-13
terninger = cubes 15-121
ti = ten 3-23
tid = time 5-43
tid til = time for 6-44
det var på tide = about time, high time 12-99
hvor lang tid tar det? = how long does it take?
18-145
tidsfordriv = pastime 15-128
tiende = tenth 12-95
til = to 4-36
til fjells = to the mountains 20-157
til frokost = for breakfast 7-53
til sammen = all together 7-51
til sist = at last, finally 17-143
til slutt = finally, at last 8-66
til utlandet = to a foreign country 20-157
til å dele = to share 5-43
tilbake =. back (direction) 12-93
tilsett = add, mix, season 16-121
tilsvarende = corresponding 13-113
tiltale = address, speech 12-94
ha time hos = have an appointment 12-98
timian = thyme 15-121
ting = things 8-59
tirsday = Tuesday 5-37
tjue = twenty 4-29
tjueførste, en og tyvende = twenty-first 12-95
tjuende, tyvende = twentieth 12-95
to = two 3-23
toget = the train 17-143
tolv = twelve 4-29
tolvte = twelvth 12-95
tomater = tomatoes 7-51
tomme = empty 8-66
torget = the city square, marketplace 13-109
torsdag = Thursday 5-37
traff = met 16-136.
transportvognene = the transport vehicle 17-143
tre = three 3-23
tredje = third 12-95
tredve = thirty 6-44
treffe = meet 14-115
trenge = crowd, push 12-99
trenge = need, require 20-157
112

trett = tired 12-99
tretten = thirteen 4-29
trettende = thirteenth 12-95
trettiende, tredevte = thirtieth 12-95
trettiførste, en og tredevte = thirty-first 12-95
treull = excelsior, packing material 17-143
trikken = the street car, trolley 5-37
trikkekortet = the streetcar card, pass 11-85
trinn = chubby 11-91
tro = think, believe 5-43
trygdekasse = state medical insurance 12-93
trykk = stress 9-71
trykke på knappen = press the button 19-153
trærne = the trees 5-39
trøye = undershirt 12-101
tulla = the little girl, tot 11-91
tungen = the tongue 12-102
tur = trip 5-42
gå etter tur = one after the other, by turns 12-99
tusen takk = a thousand thanks 2-17
tuslete = small, puny 12-99
TV = television 21-171
tvers igjennom = straight through 8-66
tydelig = clearly 12-99
tykk = fat 11-91
tynne = make thin, dilute 20-160
Tyskland = Germany 8-64
tyve = twenty 4-29
tær = toes 11-91
tørke = wipe 12-99
tørkestativene = the clothes lines 17-143
tøyet = the clothes 17-143
tålmodig = patient 12-100

U
ubestemt = indefinite 5-38
ufølsomme = callous, unfeeling 17-143
ugle = owl 23-188
uke = week 12-93
ukeblad = weekly newspaper 15-121
ulike = different 8-65
ulykkelig = unhappy, distressed 12-103
umøb. (umøblert) = unfurnished 17-137

undersøker = examine, inspect 12-93
undertøy = underwear 8-66
underverker = wonders, miracles 15-121
ung = young 5-43
universitet = university 12-97
unnskyld = excuse (me) 6-44
uopplevet = unmet, non-experienced 20-160
uregelmessig = irregular 8-61
ut = out 1-15
utdraget = the excerpt 11-92
ute = outside, out 5-37
uten = without 8-66
utenlandsk = foreign 13-105
utfyllende = supplementary, fill in 1-13
utstyr = equipment, outfit 20-159
uttal = pronounce 3-25
uttale = pronunciation 1-13
uttrykkene = the expressions 13-114
uvirkelig = unreal, intangible 8-66

V

vakte = called forth 15-128
vanligvis = usually 15-122
vannet = the water, lake 9-77
vanskelig = difficult 2-17
var = was 9-69
varmt = warm 6-44
varsomt = carefully 17-143
vask = wash 15-121
vaskepulver = detergent 8-66
vaskepulverkornene = the detergent granules 8-66
vaskeservanter = wash stand 8-66
ved = near 4-36
ved siden av = beside 12-99
veggene = the walls 15-128
veien = the way, road 12-93
(i) veien med = the matter, wrong with 12-93
veksle = change 18-145
veldig = very, extremely 4-34
velg = elect 15-127
velkommen = welcome 7-55
velkommen til bords = welcome to the table 14-115
velkommen igjen = welcome again, come again 7-51
venner = friends 4-29

venninne = (female) friend, girl friend 16-135
vennlighilsen = friendly greeting 15-128
vente = wait, waiting 12-99
verden = world 12-99
verken = either 23-182
verkstedet = the repair shop, garage 22-173
vertsfolket = the landlord and landlady,
                  host and hostess 16-129
vesken = briefcase or purse 16-133
vest = west 4-29
Vestlandet = Western Norway 20-157
vestover = westwards 20-157
vet = know 8-59
jeg vet ikke riktig = I don't know exactly 14-115
vev = loom 17-143
vi = we 4-30
viktig = important 11-92
vil = will 3-23
ville = would 9-77
vilt = wild 15-128
vin = wine 15-121
vinduene = the windows 17-143
vinke = wave, beckon 11-91
vinteren = the winter 8-59
vise = show 11-91
visst = certainly 5-43
visst = I think, believe 6-44
vognkortet = the vehicle card 22-173
vokaler = vowels 1-13
vokalskifte = vowel change 13-112
voksen = adult 23-180
voksne = adult, grown up 18-145
voldsomt = intense, severe 12-101
vondt = pain 11-85
vott = mitten 20-159
vri seg = turn in or twist oneself 12-103
vær = weather 6-44
vær så god, neste = next please 12-99
vær så snill = please 12-103
være = be 5-38
å være glad for = like, be glad about 14-119
vår = spring 12-95

Y
yrke = profession, occupation   12-93

Ø
øl = beer, ale   8-65
ønske = wish   5-43
ører = ears   11-91
øst = east   4-29
Østlandet = eastern Norway   8-64
østover = eastwards   20-157
øv = practice   1-13
øv inn = practice   1-14
øvelser = exercises   1-13
øvingsoppgaver = practice exercises   1-15
øyeblikket = moment   11-92
øyeblikket = the moment 11-92
øynene = the eyes 8-66

Å
å = to (infinitive marker)   1-11
å ja! = oh!   1-11
åpne = open   8-66
år = year, years   9-69
åt = ate   9-71
åtte = eight   3-23
åttende = eighth   12-95
åtti = eighty   6-44
åttiende = eightieth   12-95

The glossary translations were prepared under the direction
of Dr. Svein Øksenholt, Professor of Germanic Languages
and Literatures, Eastern Montana College.

www.ingramcontent.com/pod-product-compliance
Lightning Source LLC
Chambersburg PA
CBHW060540100426
42742CB00013B/2407